O ORATÓRIO POÉTICO DE ALPHONSUS DE GUIMARAENS
uma leitura do Setenário das Dores de Nossa Senhora

O ORATÓRIO POÉTICO DE ALPHONSUS DE GUIMARAENS
uma leitura do Setenário das Dores de Nossa Senhora

Eduardo Horta Nassif Veras

Relicário

© Relicário Edições
© Eduardo Horta Nassif Veras

CIP –Brasil Catalogação-na-Fonte | Sindicato Nacional dos Editores de Livro, RJ

V4760
    Veras, Eduardo Horta Nassif

    O oratório poético de Alphonsus de Guimaraens : uma leitura do Setenário das Dores de Nossa Senhora / Eduardo Horta Nassif Veras. -- Belo Horizonte, MG : Relicário Edições, 2016.

    120 p. / ; 14 x 21 cm .
    Inclui referências
    ISBN: 978-85-66786-38-5

    1. Guimaraens, Alphonsus de, 1870-1921 - Setenário das Dores. 2. Crítica e interpretação. 3. Simbolismo na literatura. 4. Melancolia na literatura. I. Título. II. Título: uma leitura do Sentenário das Dores de Nossa Senhora

                                          CDD B869.1

CONSELHO EDITORIAL

Eduardo Horta Nassif Veras (UNICAMP)
Ernani Chaves (UFPA)
Guilherme Paoliello (UFOP)
Gustavo Silveira Ribeiro (UFMG)
Luiz Rohden (UNISINOS)
Marco Aurélio Werle (USP)
Markus Schäffauer (Universität Hamburg)
Patrícia Lavelle (EHESS/Paris)
Pedro Sussekind (UFF)
Ricardo Barbosa (UERJ)
Romero Freitas (UFOP)
Virgínia Figueiredo (UFMG)
Davidson de Oliveira Diniz (UFRJ)

COORDENAÇÃO EDITORIAL Maíra Nassif Passos
PROJETO GRÁFICO & DIAGRAMAÇÃO Ana C. Bahia
REVISÃO Pedro Furtado Oliveira

RELICÁRIO EDIÇÕES
www.relicarioedicoes.com
contato@relicarioedicoes.com

Para o Sérgio Peixoto

PREFÁCIO
A poeira que o vento espalha:
impulso místico e recessão melancólica   11

NOTA DO AUTOR   19

INTRODUÇÃO   23

CAPÍTULO I
O misticismo em Alphonsus de Guimaraens   29

CAPÍTULO II
O oratório poético de Alphonsus de Guimaraens   53

CAPÍTULO III
Metalinguagem e melancolia
em *Setenário das Dores de Nossa Senhora*   79

CONSIDERAÇÕES FINAIS   101

REFERÊNCIAS BIBLIOGRÁFICAS   111

SOBRE O AUTOR   117

[...] *désirer l'absolu, s'emporter comme Icare vers des altitudes bleues, retomber sur le sol «avec un devoir à chercher», consentir à la finitude et écrire «malgré tout» afin de maintenir in extremis le pacte incertain qui lie à l'idée d'absolu une créature profane à travers la seule poursuite résolue du travail de sa langue.*

(Jean-Michel Maulpoix, *La poésie comme l'amour*)

PREFÁCIO
A poeira que o vento espalha:
impulso místico e recessão melancólica

Francine Fernandes Weiss Ricieri
[Universidade Federal de São Paulo]

Esta *leitura* do *Setenário das Dores de Nossa Senhora* toma, como objeto de estudo, um livro publicado originalmente em 1899 por um poeta de que hoje nos lembramos pela evocação de um nome *falso* ou *fictício*, um *pseudônimo* cuidadosamente construído e escolhido ao longo de alguns anos, em um processo de tentativas e revisões. O filho de Albino e Francisca recebera, em batismo, o nome Afonso Henriques da Costa Guimarães (1870), mas o autor se inventou e escreveu como *Alphonsus de Guimaraens*, não em um parto ou instante, mas ao longo de alguns anos de procura e reajustes. O nome literário, enfim, de muitas formas, já sinaliza concepções de literatura e de poesia que acompanham aquele processo de escrita. O *Setenário,* no processo referido, ocupa posição privilegiada. Obra inaugural de um poeta que se vinha experimentando, há algum tempo, nos jornais, o livro aparece em companhia física de *Câmara Ardente,* no mesmo ano em que vem a público, também, o volume *Dona Mística.*

Talvez seja o caso de lembrar o modo como, em 1901,[1] no primeiro estudo de algum fôlego dedicado a Guimaraens (supera as notas de uma página, as alusões, as inserções em listas), José Veríssimo aparece

---

1. VERÍSSIMO, José. Um poeta simbolista. O snr. [sic] Alphonsus de Guimaraens. *Estudos de literatura brasileira:* 2. série. Rio de Janeiro: Garnier, 1901. p. 225-237.

confrontado com termos como "sinceridade", "frivolidade", "afetação", "esnobismo", "impostura". São os termos com os quais se enunciam hesitações de resto associáveis a um conceito mais amplo, "simbolismo", novidade que o crítico declara não desejar refugar *a priori*, mas a propósito da qual menciona preconceitos pessoais, impressionismos e abundância de medíocres. Observando que um ramo do movimento seria o misticismo católico, em que alguns veriam "uma afetação de originalidade, uma forma particular de esnobismo", o crítico toma partido do poeta e força a argumentação em defesa de sua *sinceridade*, dissociando-o dos frívolos e dos esnobes e defendendo o lastro, digamos, *autêntico* de sua religiosidade, não sem ressaltar o "prejuízo artístico": mesmo possuindo "engenho e arte", se não se desvencilhasse das "fachas da escola", se persistisse em "uma corrente que não leva a nada", acabaria por vir a ser apenas mais um "estro perdido para a nossa poesia".

Sinceridade fica assim instituída, na recepção crítica a Guimaraens, como garantia de valor de uma escrita, valor que se apresenta *apesar do* simbolismo (tendência ao artificioso, ao frívolo, ao amaneirado), em que não pareceria, contudo, possível deixar de inscrever (com ressalvas) sua produção poética. Temos, então, não apenas um poeta católico, mas um poeta sinceramente crente (crença que cumpriria dissociar dos *programas* afetados de "escola") e, também, o *Setenário das Dores de Nossa Senhora*, descrito e enfeixado no célebre aposto: "o caso piedoso posto em sonetos". Decorrência lógica desse mesmo raciocínio, é ainda Veríssimo quem duvida de que tal "religiosidade mística", *apesar de sincera* (ou precisamente por ser sincera?) pudesse "dar alguma coisa em arte", uma vez que a poesia puramente religiosa jamais teria resultado em boas obras.

Sem pretender avançar outras implicações deriváveis do raciocínio crítico de Veríssimo, ou das específicas condições de inteligibilidade de tais formulações no momento em que eram propostas, atenho-me a registrar aquilo que tal raciocínio tem de *fundador*, no sentido de estabelecer (ou, se preferirem, no sentido de localizar) as condições por meio das quais, ao longo do século XX, comentou-se a escrita alphonsina, ou ainda, os termos de uma certa gramática da crítica ao poeta: sinceridade, simbolismo *peculiar*, religiosidade autêntica e, junção dos termos anteriores, alguma irrelevância ou deficiência propriamente poética (a despeito do que teria sido o forte apelo humano de sua trajetória biográfica).

Não é objetivo deste texto analisar os movimentos da recepção crítica ao escritor, menos ainda as polêmicas ou falsas polêmicas em que se constituem e solidificam algumas das linhas de força do pensamento a seu respeito. Não seria demais assinalar, contudo, que as linhas constitutivas dessa gramática (os termos que a compõem e os princípios lógicos que presidem as interações admissíveis entre eles) se disseminam por textos muito diferentes entre si, que enfatizam, alternativamente, ora este, ora aquele de seus termos.

De todo modo, ainda agora, pode parecer que continue não sendo possível pensar essa poesia sem de algum modo dialogar com aquelas linhas de força: há confessionalismo? Ele é *autêntico* ou artificioso? Revela traços de simbolismo ou expõe a força do biográfico? Haveria relação de exclusão entre *simbolismo* e *biografia*? Há constituição de uma dicção poética autoral? Que elementos deveriam ser acionados/priorizados em se tratando de pensar o *valor* associável a tal escrita?

No entanto, ainda que sem desenvolver o que vai sumariado nos parágrafos anteriores, indicaria ser precisamente a partir dessas considerações que parece se tornar possível o trabalho de apontar em que consistem as contribuições deste livro, originalmente uma dissertação apresentada ao programa de Pós-Graduação em Letras da Faculdade de Letras da Universidade Federal de Minas Gerais, como requisito parcial para a obtenção do título de Mestre em Estudos Literários. A começar pela constituição do objeto de estudo: o texto de Eduardo Horta Nassif Veras é o primeiro estudo sistemático dedicado especificamente ao livro *Setenário das Dores de Nossa Senhora*.

Assinalando que a configuração formal do *Setenário* o destacaria das demais produções do escritor, o trabalho propõe uma associação entre a arquitetura do livro e a forma do oratório musical. Equivale a dizer que o livro apresentaria uma estrutura em si mesma significativa, sendo, portanto, mais que uma simples recolha aleatória de poemas. Para desenvolver essa premissa, o ensaio se propõe analisar, por um lado, a estruturação das partes que compõem o volume de 1899 (sete seções emolduradas por duas composições: uma de abertura e outra de encerramento) e, por outro, a configuração discursiva dos poemas.

Aspecto revelador da complexidade arquitetônica do livro (e discernível na configuração discursiva dos poemas) seria, por exemplo, a convergência estrutural de vozes que recuperariam diretamente a narrativa bíblica (vozes com função narrativa) e vozes que meditariam sobre seus episódios, principalmente, sobre a impotência de vivenciá-los por intermédio da linguagem (vozes associáveis à lírica). Nesse sentido, tal configuração discursiva aproximaria o livro da forma dos oratórios musicais, em que teríamos o recitativo (que recupera a narrativa bíblica), além das árias e corais (em que se registraria a celebração da história sagrada por meio dos comentários e impressões poéticas do autor).

Esse encaminhamento analítico levaria, ainda, ao cerne da proposta do estudo: apresentar e desenvolver elementos indiciadores do que seria a modernidade da arquitetura litúrgica do *Setenário*. Para desenvolver a contento tal proposta, o trabalho organiza-se em três capítulos, que, de todo modo, estabelecem diversos diálogos entre si. O primeiro aborda "O misticismo em Alphonsus de Guimaraens". De início, o crítico registra a falta de rigor conceitual discernível na utilização de formulações como "misticismo", "poesia mística" e "poesia religiosa". O capítulo se ocupa, nesse sentido, de historiar a utilização desses conceitos, enquanto explora o tratamento dado pela crítica à poesia mística de Alphonsus. Ao fazê-lo, descreve três níveis em que a crítica teria registrado a presença da tradição litúrgica/católica na poesia de Guimaraens: o primeiro nível diria respeito à dimensão lexical; o segundo, à presença de aspectos da mentalidade cristã; por fim, o terceiro nível, menos explícito, estaria relacionado à presença daquela tradição nos aspectos estruturais dessa poética (princípios de organização de livros ou poemas específicos).

A contribuição relevante do ensaio de Veras, quanto a esse aspecto, diz respeito ao fato de priorizar o ensaísta esse terceiro nível de presença da tradição litúrgica no contexto de uma recepção crítica quase unanimemente centrada nos outros dois níveis. Além disso, a reflexão sobre o papel propriamente estrutural da componente litúrgica permite ao analista conferir preponderância ao *Setenário*, na reflexão sobre a produção de Guimaraens. Se o fator estruturante se dissemina pelo conjunto da obra do poeta, Veras demonstra com perícia que o pequeno livro de 1899 seria um momento especialmente bem conseguido dessa aposta formal – o que ajuda a entender sua seleção como objeto de estudo (que permitiria em decorrência o aprofundamento da compreensão do conjunto da produção de Guimaraens).

Enfrentando a necessidade de se dissociar de uma tradição crítica eminentemente ocupada com o que seriam *causas externas* do poético (do fator biográfico às influências mesológicas ou literárias), Veras propõe uma transição que deixe de lado o *porquê* dessa específica fatura poética, em proveito do *como*. Ou: "independentemente de sua origem, *como* se configuram na poesia alphonsina a experiência religiosa e o diálogo com a tradição litúrgica?"

O primeiro capítulo indica, ainda, outros caminhos para o desenvolvimento daquela proposta analítica, mas cabe ao segundo ("O oratório poético de Alphonsus de Guimaraens") esmiuçar outra das contribuições do ensaio, aliás, já mencionada e relativa àquela recuperação estrutural ou estruturante da tradição litúrgica: refiro-me à análise mais detida das associações possíveis entre a obra e a forma musical do *oratório*, uma espécie de *metáfora crítica* para a compreensão global do livro, que contrasta com a definição clássica de misticismo, formulada no capítulo anterior.

Considerando o livro uma representação poética de uma das mais tradicionais celebrações litúrgicas do catolicismo (a celebração das Dores de Nossa Senhora), Veras recupera aspectos históricos dessa celebração, enquanto aponta, na realização presente no *Setenário*, uma dualidade estrutural que consiste na convergência entre a narração da história sagrada e a meditação derivada de tal narração, em processo em que divisa um amálgama de narrativo e lírico. A estrutura discursiva mista, assim composta, seria comum, ainda, a outras formas históricas, como o drama litúrgico, a lauda ou, enfim, o oratório.

O exame mais detido dos poemas levará o ensaísta à demonstração do que entende como "experiência poética de vontade mística seguida de fracasso metafísico e melancolia". A inserção dos versos na tradição mística do culto mariano não seria, nesse sentido, obstáculo para sua inserção na tradição crítica da modernidade. Em outras palavras, a forma poética do oratório, já em sua formalização híbrida (oscilando entre encenação dramática, narração e a celebração que Veras faz coincidir com o lirismo), remeteria à fragmentação de um sujeito poético para o qual a experiência mística se apresentaria frustrada – como evidenciaria "Antífona", poema em que a consciência metapoética assinalaria a impotência do verbo, recorrente na modernidade.

O capítulo se desincumbe, ainda, da tarefa de percorrer analiticamente o conjunto dos sonetos que compõem o livro, assinalando ora a predominância de padrões narrativos, ora o que foi denominado por Octavio Paz "emersão do sujeito enunciador". Sem reproduzir aqui os detalhes dessa trajetória analítica, outro momento forte do ensaio, assinalaria que ela permitirá ao autor dar sustentação à formulação que constata, no livro de Guimaraens, a constituição de certa "insuficiência da linguagem", o que nos levaria ao terceiro elemento do estudo.

O terceiro capítulo ("Metalinguagem e melancolia em Setenário das Dores de Nossa Senhora") amplia e redimensiona, nesse sentido, as análises e reflexões anteriores do livro, pela recuperação de formulações de Sigmund Freud e Giorgio Agamben sobre a melancolia. Assim, o *Setenário* é pensado a partir da convivência de duas formulações contraditórias: a ânsia do sujeito poético em presentificar as Dores de Nossa Senhora, por sua vivência poética, e a constatação da insuficiência da linguagem na busca de atender a tal ânsia. Situados em posições estratégicas do volume, os momentos metalinguísticos acabariam por se constituir, segundo essa análise, em "centro irradiador da obra", pelo registro das marcas do fracasso poético e dos momentos de autodepreciação do poeta.

Convertidos o poema e o próprio poeta em temas, a energia mística apareceria, de algum modo, bloqueada, desencadeando-se em decorrência um sentimento de paralisia que o autor assinala à experiência melancólica. Assim, após historiar uma trajetória que iria de Aristóteles a Agamben, passando pela acídia medieval e pelas contribuições de Freud, entre outros momentos, Veras encontra semelhanças entre a descrição do quadro melancólico proposta por Agamben (manutenção de um sentimento de perda que se prolonga sem aparente possibilidade de solução em associação ao caráter enigmático do objeto perdido) e o que seria certa tendência simbolista/decadentista à inatividade, à inanição, ao abatimento.

Essa inatividade melancólica (marca distintiva da poesia de Guimaraens em seu conjunto) atualizaria uma ambivalência entre desejo e inatingibilidade do objeto. No *Setenário*, o oratório melancólico teria duas faces complementares: o impulso místico e a recessão melancólica. Dito de outro modo, a apropriação estruturante da tradição litúrgica seria acompanhada da produção de *poesia crítica*, no sentido proposto por Octavio Paz, ou ainda, seria observável a ocorrência na mesma obra de duas experiências – a energia ascensional da empreitada mística e o seu arrefecimento graças à emersão de um agente crítico autodepreciador. Para Veras, essa equação seria um elemento particularizador do trabalho poético de Guimaraens no contexto do simbolismo brasileiro.

Merecem comentário, ainda, as aproximações estabelecidas por Veras entre as escritas de Alphonsus de Guimaraens e Baudelaire, cheias de decorrências a serem possivelmente desenvolvidas. Mencionaria, para citar um caso e recuperando a referência inicial a José Veríssimo, as preocupações com sinceridade, fingimento, afetação, ou frivolidade, por vezes recorrentes em estudos dedicados a Guimaraens. Ao se desenvolverem as relações entre as escritas dos dois poetas (apenas indicadas por Veras), as relações do poeta mineiro com o artificioso, ou não natural, talvez pudessem ser bastante redimensionadas em termos analíticos. De fato, o ensaio se encerra assumindo que trabalhos posteriores poderiam vir a demonstrar o que neste texto estaria apenas sugerido: que toda a obra de Guimaraens realizaria, de alguma maneira, as proposições do *Setenário*. Para Veras, aliás, a metáfora do oratório poético poderia ser lida como uma espécie de imagem também do que denomina condição do poeta simbolista.

Não poderia deixar de assinalar uma referência que, de algum modo, se relaciona com o que vai dito no parágrafo anterior. Outra das afirmações paradigmáticas sobre Guimaraens, que o estudo contribui para relativizar, seria a descrição crítica que o trata como um escritor imerso em autoexílio e alheio aos movimentos da poesia que lhe era contemporânea, em exercício deliberado de confissão pessoal ou registro quase referencial dos eventos biográficos que o acometeram. Ao longo de todo o texto, o livro vai gradativamente realizando esforços no sentido de reaproximar o trabalho do escritor da consciência poética que lhe é contemporânea. Consciência poética (ou metapoética) que supõe uma espécie de distanciamento e elaboração, nas palavras de Veras, uma "vivência particular e incomparável da agonia que caracteriza a poesia de seu tempo".

Essa agonia remete à tensão entre impulso místico e recessão melancólica, central ao exercício crítico atualizado no ensaio. Em última instância, esse exercício continua me parecendo (desde a primeira vez que o li) o maior mérito do trabalho que ora vejo publicado. Sua capacidade de flagrar e descrever (sem pretender resolvê-los; sem aniquilá-los, portanto) os termos de uma tensão de fato central à poesia em estudo. Entre o desejo do voo e a impossibilidade do voo, na poesia de Alphonsus de Guimaraens, uma sombra se delineia ambiguamente no movimento mesmo em que se consome: poeira que o vento espalha, dizem os versos de "Antífona" – mas o vento é, ainda, linguagem, formalização de um impasse que o ensaio oferece à nossa reflexão precisamente assim: como impasse. Como tensão.

NOTA DO AUTOR

Este livro é uma reprodução quase fiel de minha dissertação de mestrado defendida na Faculdade de Letras da Universidade Federal de Minas Gerais no dia 2 de fevereiro de 2009. Foram feitas algumas correções de linguagem, além do acréscimo dos paratextos, e nada mais. Foi somente durante a realização de minha pesquisa de pós-doutorado, dedicada à obra de Baudelaire, quase sete anos depois, que pude perceber o quanto este trabalho sobre Alphonsus de Guimaraens dialoga com algumas das principais questões que continuo me colocando sobre o surgimento da lírica moderna. Ora, Baudelaire, o "poeta da modernidade" por excelência, também esteve às voltas com o êxtase, com o problema da dissolução da individualidade e com a consciência dos limites da linguagem e da arte, para não falar do lugar importantíssimo que a cultura cristã também ocupa em sua obra. Bastante distantes no nível temático, *As Flores do mal* e *Setenário das Dores de Nossa Senhora* compartilham, contudo, uma preocupação arquitetônica que convida a uma leitura do conjunto como uma espécie de máquina poética cujo funcionamento é resultado muito mais de uma inteligência construtiva que da inspiração amorosa ou devocional. Também os poemas em prosa do *Spleen de Paris* podem ser lidos a partir do mesmo movimento duplo do mergulho no absoluto (da arte, da religião, do amor) e do desvelamento crítico da finitude humana, da insuficiência da linguagem, do fracasso da poesia. Aparentemente devocionais, os poemas de *Setenário* apontam, na verdade, para um problema estritamente poético, o mesmo que funda a tradição da poesia moderna, pelo menos aquela que nasce na França com Nerval e Baudelaire: o problema da crise da poesia, entendida, não como decadência, mas como mola propulsora do discurso poético na modernidade. A força poética da obra de Alphonsus de Guimaraens é inseparável do constante retorno da linguagem para si mesma como dramatização de seus próprios limites, fenômeno que procurei compreender, à época, a partir da associação entre os conceitos de misticismo, melancolia e metalinguagem.

Mais ou menos como ocorre em Baudelaire, as referências de Alphonsus ao universo religioso e, mais especificamente, à cultura católica, estão longe de contradizer uma leitura moderna de sua poesia. Ao contrário, a afirmação da fé – no pecado original, em Baudelaire; no mistério das Dores de Maria, em Alphonsus – se dá como um dos elementos fundamentais da tensão poética que ocupa o centro da obra dos dois poetas. Mais uma vez, o que está em jogo, em ambos os casos, é a descoberta da poesia, não tanto mais como veículo de *expressão* do sagrado, mas como *dramatização* de sua diferença em relação a ele. Yves Bonnefoy, num texto recente sobre Baudelaire, não hesita em dizer que o poeta das *Flores do mal* é o descobridor do "pleno da poesia," isto é, da poesia como linguagem autônoma, em contraste com suas antigas funções religiosas, morais e pedagógicas. Ao eleger o mal como tema principal de sua poesia, Baudelaire se apodera de uma noção teológica em nome de uma questão de todo humana. Penso que o mesmo ocorre em Alphonsus de Guimaraens, que está menos interessado em louvar a figura de Maria que em dramatizar poeticamente a diferença, a distância que separa os homens e sua linguagem do universo dos deuses, de tudo o que é imortal e infinito.

O trabalho de revisão do texto para a publicação me fez relembrar um tempo de conversações entusiasmadas sobre poesia que tive o prazer de viver na companhia de amigos e professores da Faculdade de Letras de UFMG, um tempo que procuro reatualizar diariamente em meu trabalho como pesquisador e como professor. Gostaria de deixar registrado aqui meu reconhecimento afetuoso a essas pessoas que viveram comigo aquele momento e que, de alguma forma, contribuíram para a realização deste trabalho. O meu muito obrigado a Adriano Drummond, Ângela Marques, Emília Mendes, Camila Reis, Francine Ricieri, Georg Otte, Gustavo Ribeiro, José Américo Miranda, Marcus Vinicius de Freitas, Maria Cecília Boechat, Pedro Dolabela, Rafael

Soares de Oliveira, Thiago Saltarelli, e, especialmente, ao orientador deste trabalho e grande mestre em todos os sentidos, professor Sérgio Alves Peixoto.

Paris, verão de 2015

INTRODUÇÃO

O estado místico é geralmente definido na tradição filosófica ocidental como uma experiência de superação dos limites da consciência individual capaz de proporcionar a união do ser com uma instância transcendente, totalizante e inefável. Para Plotino, essa instância identifica-se com o Uno; para Santo Agostinho, com o Deus cristão; para Schopenhauer, com o Nada. Na história da literatura moderna, o problema do misticismo tem um importante capítulo na passagem do século XVIII para o XIX, com "a sede de infinito, o afã de integridade e de totalidade, que alentou a disposição religiosa dos [poetas] românticos" (Nunes, 1978, p. 65). Mais tarde, a busca incansável dos simbolistas franceses, especialmente de Mallarmé, pelo Absoluto[1], pela transcendência da história, pela abolição do acaso, aparece, talvez, como

---

[1]. Grafada com inicial maiúscula, essa palavra deve ser entendida, ao longo deste trabalho, à luz das concepções românticas de homem e de mundo, que exercem influência direta sobre a poesia moderna, especialmente sobre o Decadentismo e o Simbolismo franceses. O termo refere-se, aqui, à ânsia romântica pela unidade e pela totalidade. Mais propriamente, refere-se ao seu ponto final, que pressupõe sempre o problema da superação do abismo sujeito-objeto, bem aos moldes da experiência mística. No contexto do pensamento romântico, a noção de Absoluto apareceu sob o influxo, principalmente, das filosofias de Fichte e Schelling, ora apontando para a preeminência do Eu (sujeito) ora para a da Natureza (objeto). Entretanto, a despeito de suas variantes filosóficas, a noção está sempre ligada à superação idealista da dualidade, à instância da unidade transcendente e primordial do universo. Como fundamento dessa questão, é central para o ideário do Romantismo, tão afeito à tradição cristã, a "imagem de uma plenitude originária perdida". Cf. Nunes (1978) e Bornheim (1978). Evidentemente, para os poetas simbolistas, principalmente para Mallarmé, a questão do Absoluto assume forma diferente da que assumiu para os românticos; passa a ser um problema de linguagem e acaba por assumir uma feição esvaziada, niilista.

o melhor exemplo da influência da filosofia mística sobre a poesia moderna. Em alguns desses poetas, a superação do particular abre espaço para o que Hugo Friedrich (1978) chamou de "idealidade vazia", conceito que identifica o mundo das essências ao Nada. Se em Baudelaire e Rimbaud, a experiência de transcendência vazia apresenta-se ainda com a função purificadora de libertar o homem da realidade opressiva, é em Mallarmé que ela assume de vez caráter ontológico. Mediante o total afastamento do particular, aniquilando pouco a pouco a dimensão referencial da linguagem, o projeto literário do autor de *Un coup de dés jamais n'abolira le hasard* perseguiu insistentemente a realização poética de uma experiência semelhante em diversos aspectos àquela que se conhece como mística.[2]

O fracasso de Mallarmé, após a experiência radical de *Un coup de dés*, coincide com os limites do Simbolismo. Até encontrar sua extenuação na obra do poeta francês, a poesia simbolista mirou-se sempre nessa busca pelo Absoluto. Esse ideal totalizante, que está presente na filosofia de lastro romântico que fundamenta a escola, foi, portanto, motivo de existência e fracasso dessa poesia. A agonia diante do inefável levou muitos poetas a reconhecerem a insuficiência da linguagem, abrindo espaço para outra dimensão da poesia simbolista: o pessimismo melancólico. Essa questão da impotência da linguagem foi amplamente abordada em diversos poemas, atestando a tendência da poética simbolista para a reflexão metalinguística. Isso ocorre, entretanto, quase sempre em poemas isolados. O número de obras que, em sua totalidade, buscaram representar ou até reconstituir a experiência poética do Simbolismo em seu duplo movimento de ascensão e queda diante do inefável é bem menor. O poema final de Mallarmé é novamente um ótimo exemplo, pois experimenta ao mesmo tempo a busca pela transcendência e a consciência de seu fracasso, num movimento de tensão e arrefecimento.

No Brasil, foi Cruz e Sousa quem aderiu ao Simbolismo com mais radicalismo. Sua poesia, que alcançou por diversas vezes aquele estado de dissolução da referência tão almejado por Mallarmé, é considerada

---

2. Para Friedrich (1978, p. 118), a experiência poética de Mallarmé associa-se a "uma mística do Nada".

por parte da Crítica como uma das mais importantes do Movimento Simbolista mundial.³ A questão da impotência verbal também está presente em Cruz e Sousa, que dedicou parte considerável de sua obra a considerações metalinguísticas. Porém, é em outro poeta brasileiro que encontramos a experiência simbolista de ascensão e queda como foco da representação de uma única obra. Trata-se de um poeta que alcançou menos sucesso em sua empreitada mística e que, por isso mesmo, vivenciou mais profundamente a melancolia decadentista: Alphonsus de Guimaraens.

Alphonsus é, com efeito, antes de tudo, um místico frustrado. Sua poesia realiza-se no espaço agônico da ânsia, sempre insatisfeita, de transcendência, oscilando entre a tentativa fervorosa de superação da imanência e a consciência melancólica do insucesso eterno. Em outras palavras, o conjunto de sua obra revela, de um lado, a tentativa de sondar o Inefável, de tocar o universo das Formas; e de outro, a triste constatação da incapacidade humana, representada pela insuficiência da linguagem. Esse último aspecto não se resolve na confortável segurança da fé. Em Alphonsus de Guimaraens, não há momentos de verdadeira resignação. Em sua poesia, a serenidade, quando aparece, é reflexo da frustração. Sua experiência poética, ocorrendo na tensão desse espaço agônico, é a convergência entre ansiedade mística e melancolia.

Primeira obra publicada pelo poeta mineiro, *Setenário das Dores de Nossa Senhora* ⁴ é a materialização poética dessa experiência agônica e o retrato perfeito do sujeito que a protagoniza. A obra nunca obteve da Crítica a atenção que merece. A complexidade de sua arquitetura e seu potencial metapoético foram subestimados por alguns críticos, que preferiram tomá-la como uma confissão da religiosidade mariana de Alphonsus. Já os poucos críticos que a entenderam para além da explicação biográfica, vislumbrando sua importância para a compreensão global da poética alphonsina, não ultrapassaram, infelizmente, os limites do comentário. Para Manuel Bandeira (s/d), o livro é um dos

---

3. O crítico Roger Bastide (1979), em seus *Quatro estudos sobre Cruz e Sousa*, situa o poeta entre os três principais do Simbolismo, formando uma "tríade harmoniosa" com Stefan Georg e Mallarmé.
4. Ao longo do trabalho, nos referiremos à obra fazendo uso da abreviação *SDNS*.

mais originais da literatura brasileira; para o jornalista e crítico Tácito Pace (1984, p. 97), ele contém "os mais belos sonetos da língua portuguesa, no gênero"; e para a pesquisadora Francine Ricieri (2001, p. 36), é uma obra capaz de abrigar uma "intelecção do poético que remete diretamente a concepções que começam a ser concretizadas em obras poéticas como a de Charles Baudelaire e escritores afins".

Com efeito, a configuração de *SDNS* a destaca do resto da obra de Alphonsus de Guimaraens. O livro se estrutura em sete capítulos, contendo cada um sete sonetos. A composição se orienta por algumas passagens do Evangelho para narrar e meditar sobre as Dores de Maria, numa imitação poética da tradicional celebração litúrgica das Dores de Nossa Senhora. Cada capítulo do livro se propõe a refletir sobre uma Dor, partindo sempre da recuperação da narrativa dos Evangelhos. Assim, temos um livro que faz convergir vozes narrativas e líricas. Essa estrutura discursiva pode ser comparada à forma dos oratórios musicais, nos quais se tem o recitativo, recuperando a narrativa bíblica, e as árias e corais, tecendo comentários e apresentando as impressões poéticas do autor acerca da história sagrada, num ato de celebração dessa história. Eis uma primeira visão da complexidade arquitetônica dessa obra de Alphonsus de Guimaraens: na base da composição está uma estrutura que proporciona a convergência de vozes que recuperam diretamente a narrativa bíblica (vozes com função narrativa) e vozes que meditam sobre seus episódios e, principalmente, sobre a impotência de vivenciá-los via linguagem[5] (vozes associáveis à lírica). Temos, assim, uma espécie de oratório poético que enfoca a condição de um sujeito poético marcado pela tentativa de comunhão mística com as Dores de Maria e pela consciência de seu próprio fracasso. Dessa forma, *Setenário* permite que sejam compreendidos diversos aspectos da poética alphonsina, podendo ser considerada por isso uma obra metapoética.

---

5. É nesse aspecto que o oratório poético de Alphonsus de Guimaraens se diferencia do oratório musical. Ao contrário desse último, o oratório alphonsino é, na verdade, uma obra sobre os limites da linguagem humana. Apesar de seu aparente confessionalismo, *SDNS* é, segundo nossa leitura, um poema sobre a condição do sujeito poético na lírica moderna.

A fim de evidenciar essa imagem, este trabalho pretende analisar a obra *SDNS*, de Alphonsus de Guimaraens, considerando a modernidade de sua arquitetura litúrgica e seu caráter metapoético. O percurso pretende imitar o movimento pendular sugerido anteriormente, tomando a obra como centro irradiador das duas experiências típicas do sujeito poético simbolista. Tentaremos fazê-lo em três capítulos. Iniciaremos dedicando o primeiro deles a breves considerações acerca do tratamento dado pela Crítica à poesia "mística" de Alphonsus de Guimaraens, tendo em vista algumas definições clássicas de misticismo, encontradas no âmbito da Filosofia e dos Estudos Literários. No capítulo central, tentaremos associar a obra analisada à forma musical do oratório, que servirá de metáfora crítica para a sua compreensão global, em contraste com a definição clássica de misticismo trazida no capítulo anterior. Esse segundo capítulo pretende evidenciar a tentativa e o fracasso da experiência mística, representados nessa obra por meio da arquitetura em forma de oratório. Oprimido entre a sede de infinito e a melancólica consciência do fracasso, o sujeito poético parece se fragmentar – à semelhança do que ocorre na forma musical – numa perfeita imagem da cisão que define, para os simbolistas, a condição humana. A uma voz cabe a busca pela comunhão com as Dores de Nossa Senhora, na reconstituição épica dos passos da personagem. À outra, cabe o lamento pelo fracasso da tentativa, pela insuficiência da linguagem, pela impossibilidade de superação do abismo que separa o homem de Deus.

Finalmente, à luz dessa breve discussão teórica acerca do misticismo, e da análise dos poemas, tentaremos evidenciar o caráter melancólico que perpassa boa parte da experiência poético-religiosa em Alphonsus de Guimaraens, tendo como referência os estudos de Sigmund Freud e Giorgio Agamben sobre o tema. Conforme este último teórico, a melancolia se associa sempre ao inapreensível, à constatação da impossibilidade de acesso ao objeto e à "capacidade fantasmática" (Agamben, 2001, p. 45) de fazê-lo aparecer como um objeto perdido. Dessa forma, o terceiro capítulo apenas evidenciará conceitualmente o que fora extraído da análise dos poemas, feita no capítulo anterior.

Percorrendo esse caminho, pretendemos surpreender, em *SDNS*, o sujeito poético alphonsino no instante de sua experiência poético-religiosa fundamental, marcada pela tensão entre misticismo e melancolia. Trazendo a poesia de Alphonsus de Guimaraens novamente para o foco dos debates acadêmicos, este trabalho já terá cumprido seu papel. Se nos é permitido vislumbrar voos ainda mais altos, será também muito bom se ele puder contribuir efetivamente para a modernização da Crítica desse poeta fascinante e tão pouco explorado.

CAPÍTULO I
O misticismo em Alphonsus de Guimaraens

A Crítica tem observado, nos mais diversos termos, que Alphonsus de Guimaraens é um poeta de poucos temas. Para Andrade Muricy (1987, p. 448), "a sua temática é repetida, monótona e monocrômica". Massaud Moisés (2001, p. 285), por sua vez, destaca "o caráter monofônico de sua poesia". A religiosidade mariana, o amor e a presença constante da morte são os temas mais insistentemente destacados pela Crítica, desde os seus primeiros passos, no final do século XIX. Grande parte desses textos críticos preocupou-se, até pouco tempo atrás, em perseguir as motivações que explicariam a presença desses temas na poesia de Alphonsus. E, na esteira dessa busca, a Crítica optou prioritariamente pela perspectiva biográfica.

Uma mudança de tom (Ricieri, 1996), entretanto, já pode ser vislumbrada na Crítica alphonsina. Embora muito recente, uma nova abordagem já se faz presente em trabalhos como o de Ângela Maria Salgueiro Marques. Sua dissertação de mestrado intitulada *O sublime na Poesia de Alphonsus de Guimaraens: presença da morte* se propõe trilhar esses novos caminhos. Nas palavras da autora, sua dissertação pretendeu "estudar as formas que encontrou a morte para se manifestar na poesia de Alphonsus de Guimaraens, sem a preocupação de relacionar tal presença à vida do poeta" (Marques, 1998, p. 12).

A mudança de tom foi nítida. Preocupada em refletir sobre a presença da morte na poesia de Alphonsus, Ângela Marques concentra-se não mais nas motivações que levaram esse tema aos versos do poeta, mas nos procedimentos poéticos empregados por ele para dar forma ao tema. A questão, assim, deixa de ser biográfica e passa a ser, antes de tudo, um problema poético, um problema de linguagem.

Essa mudança de tom abre caminho para a revisão de temas antigos e acaba por levantar problemas novos para a Crítica alphonsina. Na conclusão de sua dissertação de mestrado, dedicada ao estudo da fortuna crítica de Alphonsus de Guimaraens, a professora Francine Fernandes Weiss Ricieri destaca, da obra do poeta, cinco aspectos "não abordados, abordados apenas de passagem ou equivocadamente" (Ricieri, 1996, v. 2, p. 212) pela Crítica. À constatação da pesquisadora correspondem cinco demandas dos estudos atuais da obra de Alphonsus de Guimaraens, a saber: 1) o estudo descritivo e analítico das antologias, a fim de contribuir para a compreensão mais lúcida dos lugares-comuns no estudo do escritor; 2) o estudo de suas obras em prosa; 3) o estudo das relações do Simbolismo com o Modernismo e da recepção da poesia de Alphonsus por alguns poetas, como Manuel Bandeira, Carlos Drummond de Andrade, Mário de Andrade, Oswald de Andrade e Murilo Mendes; 4) a revisão crítica da presença do catolicismo na obra do poeta, a fim de, nas palavras da pesquisadora, "entendê-lo não em termos confessionais, mas em termos de representação estética" (Ricieri, 1996, v. 2, p. 212); e, para finalizar, 5) a tradução da tese da pesquisadora francesa Arline Anglade-Aurand (1970), que discute as influências francesas sobre a obra de Alphonsus. Como se vê, o diagnóstico de Ricieri aponta tanto para a revisão de temas consolidados na Crítica alphonsina quanto para a abertura de novos caminhos de leitura. Entre os cinco pontos destacados, a pesquisadora parece enfatizar a importância do quarto. Segundo ela:

> Mais importante, ainda, seria rever criticamente o catolicismo tal como se configura esteticamente em versos do escritor para procurar entendê-lo não em termos confessionais, mas em termos de representação estética. Não se fez, ainda, uma articulação do poeta contraditório e modernamente cindido – pleno de negatividade – que, em conjunto, sua obra configura. Durante a pesquisa realizada, descobriram-se poemas de Alphonsus conhecidos pelos filhos e que foram omitidos da Obra completa. Tais poemas, ao lado de obras como Kiriale, Salmos da noite, Escada de Jacó

e Pulvis revelam com clareza aspectos não muito católicos, nada pios, existencialmente pessimistas do escritor. A exegese desta poética com vistas a expor a face do poeta que ainda não se revelou com precisão seria outro dos aspectos que se abririam à análise após o presente estudo. (Ricieri, 1996, v. 2, p. 214)

Com efeito, e apesar de ser um tema recorrente na fortuna crítica do poeta, a questão da religiosidade na obra de Alphonsus de Guimaraens raramente ultrapassou os limites da explicação biográfica. As relações de sua poesia com a liturgia, por exemplo, são abordadas quase sempre em função da fé católica do poeta e de seu contato com as leituras místicas. Além disso, percebe-se que expressões como "misticismo", "poesia mística" e "poesia religiosa", empregadas pela Crítica para dar conta do diálogo da poesia de Alphonsus com o fenômeno religioso, carecem quase sempre de rigor conceitual.

A presença do cristianismo na obra do poeta mineiro é explícita e sua demonstração não constitui um problema em si para a Crítica. Relevante para os Estudos Literários é refletir sobre as dimensões do diálogo entre poesia e cristianismo em sua obra, uma vez que a complexidade desse diálogo é um dos elementos centrais de sua poética.

A presença da tradição litúrgica cristã-católica na poética de Alphonsus de Guimaraens se dá em três níveis. Na camada superficial de sua poesia, identificam-se as evocações diretas à liturgia e aos símbolos do cristianismo. Esse primeiro nível do diálogo se expressa na dimensão lexical de sua poesia. A presença de palavras do campo semântico da religião católica é marcante nos onze livros que compõem sua obra completa. Outra marca explícita dessa presença que se expressa na seleção lexical pode ser identificada nos poemas de louvor mariano, que é uma das mais fortes características da obra do poeta mineiro. Ainda nesse primeiro nível, é importante ressaltar a marcante presença de expressões litúrgicas em latim, bem como de citações da *Vulgata* ao longo de toda a obra. São muitos os poemas que poderiam servir de exemplo para esse primeiro nível de diálogo com o cristianismo. Entre tantos outros, o poema "Ladainha dos quatro santos" (Guimaraens, 1997, p. 136) apresenta um campo semântico reconhecidamente católico, incluindo a presença de Maria e de expressões litúrgicas. Deste poema, transcrevemos a primeira estrofe:

> Santa Maria, Mãe de Jesus,
> Que com as asas protetoras cobres
> Os que têm frio, rotos e nus,
> *Ora pro nobis.*

Num segundo nível, destaca-se a presença da mentalidade cristã. Aqui, o diálogo passa a ser de ordem filosófica. A dicotomia entre corpo e alma; a ojeriza às coisas da carne, acompanhada da tentação que leva ao pecado; a concepção de vida e de morte, fundamentada no mito da Queda; a questão do inefável, problema fundamental dos poetas místicos, especialmente os simbolistas, e a imagem da mulher amada como ser imaterial e santificado, são algumas marcas da mentalidade cristã presentes na obra de Alphonsus. Serve-nos de exemplo o mais conhecido de seus poemas, "Ismália" (Guimaraens, 1997, p. 313), cuja concepção dicotômica do homem – como um ser constituído de corpo e alma, sendo esta destinada à ascensão ao céu e aquele ao aniquilamento na terra após a morte – aparece explicitada na última estrofe:

> As asas que Deus lhe deu
> Ruflaram de par em par...
> Sua alma subiu ao céu,
> Seu corpo desceu ao mar...

O último dos três níveis de contato de sua poesia com o cristianismo é o que representa o interesse central deste trabalho. A nosso ver, trata-se da dimensão mais profunda, menos explícita e menos abordada desse contato. Na falta de termo melhor, diremos que esse último nível se expressa nos aspectos estruturais[1] da poesia alphonsina.

---

1. Por aspectos estruturais entendemos o modo de organização da obra nos níveis das partes, dos capítulos e dos poemas que a compõem. A presença de sete capítulos emoldurados por duas composições intituladas "Antífona" e "Epífona"; a presença de epígrafes retiradas da *Vulgata* e a coexistência de vozes narrativas e vozes líricas nos capítulos, e até no interior dos sonetos, são elementos que compõem, segundo nossa leitura, a estrutura significativa, por exemplo, de *Setenário das Dores de Nossa Senhora.*

O diálogo com as formas da liturgia está presente em toda a obra do poeta, mas é em *SDNS*, como pretendemos demonstrar no segundo capítulo, que ele se torna elemento central. O que aproxima essa obra da tradição litúrgica do cristianismo é, como veremos, o seu caráter híbrido, marcado pela presença de diferentes tipos discursivos emaranhados ao longo de seus capítulos.

Esses três níveis de contato da poesia de Alphonsus com a tradição cristã foram reconhecidos e abordados esporadicamente pela Crítica, embora quase sempre sem muito rigor. A preocupação central dos principais estudiosos quase sempre se voltou para a explicação das *causas externas* da obra do poeta mineiro, confirmando, como já sugerimos anteriormente, a força da abordagem biográfica nessa tradição crítica, que geralmente negligenciou uma abordagem mais intrínseca dessa poesia, ou seja, uma abordagem que se voltasse para a explicação não de suas causas e motivações, mas de seu modo de configuração.

Seguindo essa tendência de explicação das *causas externas* da obra de Alphonsus de Guimaraens, o diálogo entre sua poesia e a religiosidade cristã[2] é abordado primeiramente na história da Crítica alphonsina à luz de elementos da vida do poeta. Sobressai nos primeiros estudos críticos a ideia de que as cidades onde o poeta viveu teriam exercido influência marcante sobre sua obra. Nesse sentido, explica-se a *religiosidade da poesia* pela *religiosidade do homem*. Para dar conta da experiência religiosa em sua poesia, os críticos empregaram indistintamente expressões como "poeta místico", "poesia religiosa", "poeta mariano" e "poeta cristão", o que, segundo nossa leitura, é mais uma confirmação de que o interesse desses críticos pouco tinha a ver com questões de linguagem e forma poética.

O primeiro grande estudo sobre a obra de Alphonsus de Guimaraens foi produzido em 1938. Antes disso, sua poesia "ou estava totalmente esquecida", escreve Massaud Moisés (2001, p. 283), "ou dava a impressão, de resto falsa, de girar em torno dos mesmos motivos condutores". Trata-se do belo trabalho de Henriqueta Lisboa: *Alphonsus de Guimaraens*.

---

2. A expressão pretende ser a mais genérica possível, abarcando indistintamente as noções de misticismo cristão e catolicismo, até que se alcance a devida definição conceitual dos termos.

O título já sugere a amplitude da abordagem, que extrapola a análise linguística em proveito de comentários impressionistas – mas não menos sagazes – e do tradicional cotejo vida e obra. O percurso feito por Henriqueta Lisboa estabeleceu-se como modelo e se repetiu em diversas análises posteriores da poesia de Alphonsus. Partindo de considerações sobre o Movimento Simbolista na França e no Brasil, Henriqueta aborda, em seguida, a biografia do poeta, a relação vida e obra, as influências de Verlaine para, finalmente, chegar aos livros publicados pelo poeta, ficando clara a preeminência dos fatores extra-poéticos na análise da escritora.

Na seção intitulada "A vida e a obra", Lisboa destaca três elementos que teriam exercido influência sobre a poesia de Alphonsus: 1) "a sugestão do ambiente"; 2) "a impressão causada pela morte da noiva" e 3) "as leituras místicas" (Lisboa, 1945, p. 34). Como se nota, ela apresenta três elementos ligados à vida do poeta. E é sob essa perspectiva que Lisboa explica a presença da religiosidade cristã na poesia de Alphonsus:

> Estas circunstâncias introduziram-no a um caminho que realmente deveria ser o seu, pois, conservando a originalidade imanente ao artista, valorizou os influxos exteriores, não adaptando-se, mas adaptando-os ao próprio temperamento, numa coincidência felicíssima. Nenhuma desarmonia em sua obra. A cidade, aí, é personagem essencial como Bruges-La-Morte para Rondenbach, associada aos estados d'alma, numa permuta íntima de sentimentos e de sensações. Desde a significação de sua poesia, feita de unção religiosa, de abandono e renúncia, de crença em Deus e descrença no mundo, até a forma de que se reveste, coloridos tênues, música expressional de plangência de sinos, música de violinos e órgãos sob as arcadas das igrejas, imagens, vocabulário, ritual, até o seu próprio nome, acrescido de melodias místicas, tudo recorda Ouro Preto e Mariana. Pelo desencanto das coisas terrenas, pela resignação na amargura, pela humildade do coração, pela simplicidade diante do mistério, pela confiança na Providência, pelos sentimentos de fé e caridade, foi cristão. Todavia, um cristão um tanto fatalista, como que curvado ao peso do cansaço da vida, constrangido pelo sofrimento prematuro que o feriu

duplamente: por vir em um momento de formação e pela delicadeza da sua constituição anímica. (Lisboa, 1945, p. 34)

A *sugestão do ambiente*, somada ou não à *morte da amada*, serviu de fundamento para o misticismo alphonsino também na leitura de outros críticos. Andrade Muricy é um que assume a mesma opinião de Henriqueta Lisboa, no tocante a tal influência do ambiente mineiro sobre a obra do poeta. Para o autor do *Panorama*, a poesia alphonsina é objeto de um implacável determinismo mesológico:

> Alphonsus de Guimaraens, vivendo a alma das cidades mortas de Minas, ao pé das velhas igrejas e dos venerandos cemitérios "em sagrado", foi talvez o único que não "escolheu" aqueles temas, por que *eles lhe eram impostos* pela sua vida e pela paisagem em que transcorreu a sua existência meditativa. (Muricy, 1987, p. 448)

Outro que insistiu na associação entre vida e obra na análise da poesia mística de Alphonsus foi Wilson Melo da Silva (1971, p. 236), para quem

> Alphonsus de Guimaraens provavelmente não teria sido o poeta simbolista e místico que foi se não tivesse morado em velhas cidades mineiras, repletas de igrejas e impregnadas de religiosidade, como Ouro Preto, Conceição do Serro e Mariana.

Seguindo percurso semelhante, Tácito Pace (1984) entende, também, que "é necessário estudar, biografar e analisar o homem, sua obra e as interrelações de ambos com o meio em geral e o meio regional ou provincial em que se originaram e plasmaram". Aqui, o tratamento proposto aos dados biográficos tem matizes diferenciados, pois destaca mais enfaticamente o papel da transfiguração da realidade vivenciada pelo *homem* na obra do *poeta*.[3] Realizado em 1970 e publicado apenas em 1984, o bom estudo do jornalista Tácito Pace sobre o Simbolismo na poesia de Alphonsus é um dos primeiros a discutir mais detida e analiticamente a questão do misticismo na obra do poeta. Em consonância com Henriqueta Lisboa, Pace acredita, inicialmente, que a

---

3. Embora essa consideração já estivesse implícita no trabalho de Henriqueta Lisboa.

experiência poético-religiosa de Alphonsus se explica em função de um dado biográfico extremamente marcante: a morte da noiva Constança. Para ele, o misticismo de Alphonsus é uma tentativa de superação do sentimento de exílio decorrente da frustração amorosa. Diante da perda do sentido da vida, o sujeito, então cindido, exilado na dor da perda, busca a satisfação na absoluta transcendência, que é Deus. Pela primeira vez, ao que tudo indica, a noção de misticismo é tratada com algum rigor conceitual por um crítico da poesia de Alphonsus de Guimaraens.

Na linha desse raciocínio, Pace explica a presença do culto mariano na obra do poeta mineiro. Segundo o crítico, a Virgem representa "a salvação" (Pace, 1984, p. 99), um "alento para as dores existenciais de Alphonsus de Guimaraens" (Pace, 1984, p. 121), um caminho, enfim, de *re*-união com o absoluto, a instância da unidade e da estabilidade:

> Sua obsessão levou-o ao misticismo, e na mística religiosa encontrou o símbolo da sua dominante obsessiva, através da imagem pulquérrima da Virgem Maria, a Virgem das Virgens, que na sua indiscutível dogmática atraía o poeta, como se em adorá-la pudesse consolar o amor perdido e encontrasse o refrigério, a paz, a doce calma, o bálsamo celestial. (Pace, 1984, p. 104)

Estamos ainda no terreno da abordagem biográfica. A opinião de Tácito Pace, expressa na citação anterior, sofre, no entanto, uma ligeira modificação quando se trata da primeira publicação do poeta mineiro, *SDNS*, obra que parece ter em mais alta conta. Na aparente contramão do biografismo reinante na Crítica alphonsina, presente também em sua pesquisa, Pace entende que essa obra escapa à influência direta das experiências vividas pelo *homem* Alphonsus de Guimaraens, propondo uma leitura bastante moderna dos sonetos que compõem a obra, assunto que merecerá nossa atenção mais adiante.

Outra preocupação recorrente nos estudiosos da poesia alphonsina refere-se à questão das influências literárias do poeta mineiro. O problema foi discutido por praticamente todos os trabalhos de maior fôlego sobre sua poesia, mas o que se percebe com facilidade, ao se analisar a maioria desses estudos, é a persistência da perspectiva biográfica, ainda que implicitamente.

Houve quem assumisse claramente sua dívida para com essa perspectiva, optando por uma abordagem relativizada das influências literárias recebidas por Alphonsus. Esse é o caso do já mencionado estudo de Tácito Pace, que, provavelmente contaminado pelo mal-estar da tão discutida influência da poesia francesa sobre o poeta mineiro, buscou a todo custo ressaltar a originalidade da experiência poética de Alphonsus, remetendo-a constantemente a fatos da vida do poeta. No capítulo de seu trabalho dedicado à discussão de alguns diálogos literários presentes na poesia alphonsina, Pace defende que

> [...] esses pontos de contato poético, às vezes tão forçados, não são convincentes ao extremo de aceitarmos que a simples leitura do livro de um autor estrangeiro venha a decidir das diretrizes artísticas de um poeta que já possua as tendências imanentes encarceradas na mente e ferventes na inspiração. Essa leitura acordaria o fluxo das idéias, mas não seria suficiente para abrir os caminhos do pensamento à estética e ao impulso criador, por onde eles passariam para alcançar o ritmo e o sentimento da poesia, a forma e o estilo do verso e, afinal, a musicalidade e o espírito da mensagem contida na expressão e na essência da poesia em si. É assim que pretendemos ver Alphonsus de Guimaraens: sem qualquer vínculo subordinativo a sistemas, sem raízes ancestrais avitas, sem elos com o formalismo literário das idéias, que o tornariam autômato e descolorido. (Pace, 1984, p. 39)

O simples emprego de expressões como "tendências imanentes" mostra como Pace, apesar de abordar a questão dos diálogos literários, está distante de considerar seu objeto de estudo como um fenômeno, antes de tudo, poético. Visto dessa forma, o poema parece estar a serviço da vida do poeta, que contém em si toda a matéria-prima à qual os versos dão apenas forma externa.

O misticismo da poética alphonsina foi explicado também por outros críticos em função do contato do poeta com escritores e obras que versaram tradicionalmente sobre o tema. A preocupação em oferecer esse tipo de explicação consta do mencionado ensaio de Henriqueta Lisboa, provavelmente o primeiro a se debruçar mais detidamente sobre o assunto. Além das já destacadas influências do ambiente e da tragédia afetiva vivenciada por Alphonsus, Henriqueta destaca a importância das leituras místicas na constituição da obra do poeta. Três obras compõem esse conjunto de leituras destacado pela escritora: a *Bíblia*; a *Imitação de Cristo* e a poesia de Verlaine, com a qual ela identifica, em Alphonsus, vagas afinidades, especialmente no que se refere ao misticismo de ambos:

> E não há dúvida de que amava extraordinariamente a Verlaine, com quem tem mais de uma afinidade, mas de cujo satanismo decadente se afastou por completo, conservando sempre em toda sua obra um cunho de rara dignidade, mesmo aquela que mais fala do ardor de sua mocidade: *Kiriale*. Fora o de *Sagesse, Amour* e *La bonne Chanson,* talvez desconhecesse o seu Verlaine, que era o das suavidades líricas... A nota melancólica, a intimidade, o acabrunhamento da alma, a esquivança, a inércia, que são as notas características da poesia do príncipe do simbolismo francês, são também as do nosso bardo. O misticismo de ambos é humildemente sentimental, sem complicações de pensamento metafísico, tecido de ingênua delicadeza. Sente-se em ambos o influxo da graça santificante que se resolve em atração pelas imagens da liturgia católica. Têm, um como o outro, versos imponderáveis que despertam a emoção quase que por encanto, por meio de uma palavra singela, de uma nota mais branda, de uma pequena pausa nos versos. Nem um nem outro observa a natureza pelo lado exterior. Evocam ambos o sentimento que lhes causa a paisagem de um modo impreciso, que no entanto atinge os nossos sentimentos. Como Verlaine, Alphonsus prefere a melodia à sinfonia. A devoção de um – Maria – foi também a do outro. (Lisboa, 1945, p. 36)

As afinidades com Verlaine são identificadas por Henriqueta Lisboa na epiderme da poesia de Alphonsus. São os vagos sentimentos de origem religiosa, acompanhados do emprego poético de imagens litúrgicas e da devoção mariana que, para a escritora, aproximam o poeta mineiro do autor de *Sagesse*. É notória, mais uma vez, a inexistência de uma demonstração empírica dos elementos de comparação elencados pela autora do estudo. E ainda que houvesse essa preocupação, Lisboa não ultrapassaria a identificação de afinidades lexicais nas duas obras, acabando por reduzir o cotejo delas mais uma vez a um fato biográfico: o catolicismo de Alphonsus de Guimaraens e Paul Verlaine.

Houve também quem relativizasse a experiência religiosa do *homem* em proveito de uma leitura "estetizante" da religiosidade do *poeta*. É o caso de Murilo Mendes, para quem a presença da liturgia na obra do poeta mineiro tem pouco a ver com a religiosidade de Mariana e Ouro Preto. Para Murilo Mendes, é inclusive questionável que Alphonsus tenha sido de fato católico: "Apesar de seus temas preferidos serem religiosos, ou ao menos para religiosos e das diversas transcrições e epígrafes do Missal e Ritual romanos, que fazia nos seus livros, não me parece que o autor de 'Kyriale' fosse católico" (Mendes, 1937). Sua religiosidade se explicaria como um fenômeno genuinamente literário, em função das leituras e influências recebidas pelo poeta mineiro.

A religiosidade cristã de Alphonsus se materializa principalmente por meio do diálogo com a tradição litúrgica. A tese segundo a qual esse diálogo expressa a vivência do homem, que esteve, durante toda a vida, submetido ao universo religioso das cidades mineiras, reinou na tradição crítica do poeta, como tentamos demonstrar nos parágrafos anteriores. Outro grupo de críticos, entre os quais está novamente o poeta Murilo Mendes, procurou no *leitor de poesia* a explicação para a presença de elementos litúrgicos na obra de Alphonsus. Nas palavras de Mendes (1937):

> Acredito que a simpatia de Alphonsus pela liturgia tenha sua origem na leitura de seus autores prediletos. Ele lia constantemente Villiers de L'Isle Adam, Amigo de Dom Guéranger, restaurador do canto gregoriano em Solesmes. Villiers conta num de seus livros as suas visitas ao famoso Abade e sua admiração pela liturgia. Alphonsus vivia também às voltas com Huysmans, Verlaine e Mallarmé. É sabido que Mallarmé, num magnífico capítulo do livro "Divagations", teve a intuição profética da renovação litúrgica, exaltando a Missa como supremo ato artístico.

O mérito de leituras como a de Murilo Mendes[4] está no destaque dado ao fator estético, na lembrança de que Alphonsus de Guimaraens

---

4. Mais tarde, Jamil Almansur Haddad (1945) falaria num "catolicismo a serviço da arte".

é, antes de tudo, um poeta, inserido numa tradição e no exercício do fazer artístico. A desconstrução da imagem pia e pudica do poeta dogmático também é um mérito que cabe a Mendes. E esse deslocamento do interesse da Crítica da vida para a prática literária de Alphonsus de Guimaraens foi, sem dúvida, um primeiro passo para a sua renovação. A religiosidade do poeta mineiro deixa de ser pensada como um canal de expressão direta do dogma católico ao qual o *homem* esteve submetido durante a vida e passa a ser visto como discurso, como imagem, como poesia.

Ainda segundo Murilo Mendes (1937), Alphonsus viveu numa "época de profunda decadência religiosa" e "era ainda dos fragmentos da religião que vivia espiritualmente". Vista dessa maneira, a espiritualidade de Alphonsus não é nada dogmática, nada resolvida; ao contrário, se mostra agônica e desesperada. Na esteira dessa linha de raciocínio, vemos um Alphonsus mais maldito que casto, um poeta da resistência – no sentido que Alfredo Bosi (2000) deu à noção de poesia-resistência, mais revolucionário que conservador. E essa visão, diga-se de passagem, é capaz de justificar com mais eficiência a presença da voz de Alphonsus entre aquelas do Decadentismo, que, segundo Verlaine (*apud* Moretto, 1989, p. 115), é

> uma literatura que resplandece em tempo de decadência, não para seguir os passos de sua época, mas exatamente "às avessas" para insurgir-se contra, para reagir pela delicadeza, pela elevação, pelo refinamento, se quisermos, de suas tendências, contra a insipidez e as torpezas, literárias e outras ambientais [...].

A mudança de tom, apesar de tudo, ainda é bastante tímida, não apenas porque o texto de Murilo Mendes é quase um fato isolado, mas também porque suas palavras parecem reduzir o contato de Alphonsus com a liturgia a um contato em segundo grau, deixando no ar uma incômoda ideia de imitação poética e negligenciando a especificidade de sua criação artística. Ademais, subjaz a essa discussão acerca das influências literárias do poeta a mesma preocupação da abordagem biográfica: *explicar* as *causas*, o *porquê* dos temas e imagens de sua poesia. Acreditamos, assim, que a verdadeira mudança de tom é menos temática que metodológica. Diante do esgotamento da reflexão acerca das motivações externas de Alphonsus, é mister que se reflita, então, acerca da estruturação de sua poesia, deixando de lado o *porquê* em proveito do *como*. Dessa forma, a questão passa a ser: independentemente de sua origem, *como* se configuram na poesia alphonsina a experiência religiosa e o diálogo com a tradição litúrgica?

Como tentamos demonstrar, muito se falou em misticismo na tradição crítica de Alphonsus de Guimaraens. Resta saber se essa noção é adequada à sua poesia, começando por esclarecer-lhe o conceito. Em sua tentativa de compreender a experiência religiosa, o filósofo William James dedicou duas conferências de seu livro *As variedades da experiência religiosa* ao problema do misticismo. A fim de isolar o conceito contido na expressão "estados místicos de consciência", o filósofo propõe quatro marcas caracterizadoras da experiência mística, a saber: sua inefabilidade; sua qualidade noética; seu caráter transitório e passivo.

Enquanto experiência inefável, a experiência mística não se deixa comunicar por palavras. A tentativa de representá-la é, portanto, uma queda, significando sempre o seu esgotamento. A fim de esclarecer o conceito, James compara a experiência mística a outras também incomunicáveis:

> Ninguém pode explicar a outra pessoa, que nunca conheceu determinado sentimento, o em que consistem a qualidade ou valor dele. Precisamos ter ouvidos musicais para julgar o valor de uma sinfonia; precisamos termo-nos apaixonado para compreender o estado de espírito de um apaixonado. (James, 1991, p. 238)

O problema da comunicação, ou ainda, da representação da experiência mística explica-se em função da relação sujeito-objeto. O estado místico pressupõe a superação das barreiras entre essas duas instâncias fundamentais do pensamento. Refletindo sobre a experiência mística como forma máxima de conhecimento na obra do filósofo neoplatônico Plotino, o historiador da filosofia David E. Cooper (2002, p. 168) escreve:

> Trata-se de uma questão difícil, mas interessante: quando contemplamos o reino das Formas, estamos fadados, pela própria estrutura sujeito-objeto do pensamento, "a vê-lo do lado de fora", como se uma coisa estivesse

vendo outra. É, evidentemente, uma ilusão, pois, como sabemos, "intelecto e ser são idênticos". Mas é uma ilusão da qual não temos como escapar quando envolvidos no pensamento. Portanto, a dualidade só será superada quando nos "elevarmos" acima de qualquer processo de tipo intelectual e entrarmos em união mística com o Uno mediante uma visão em que todo sentido de diferença entre sujeito e objeto se evapora.

Plotino entende que a experiência mística – como forma de superação da dualidade e do consequente abismo entre sujeito e objeto – é uma forma superior de visão, ou seja, de conhecimento. É o que James reconhece como qualidade noética. Essa segunda marca da experiência mística está em completa consonância com o caráter epifânico e profético reconhecido tradicionalmente no êxtase religioso.

James destaca ainda duas marcas "menos nítidas, mas geralmente encontradas" (James, 1991, p. 238) também no estado místico de consciência. A experiência mística tende a ser transitória e passiva. Ela raramente se sustenta por muito tempo; quando muito, por uma ou duas horas, segundo o filósofo.

Outra característica marcante desse tipo de experiência, que aparece implícita na análise de James, é a anulação momentânea da individualidade, o que leva o místico a ter a impressão "de que a sua vontade está adormecida e, às vezes, de que ele está sendo agarrado e seguro por uma força superior" (James, 1991, p. 238). Essa última peculiaridade associaria, ainda segundo o mesmo filósofo, os estados místicos a alguns "fenômenos definidos de personalidade secundários ou alternativos", entre os quais, alguns de ordem linguística, como o discurso profético e a escrita automática,[5] procedimento empregado pelo Surrealismo e que mantém relações de parentesco com a poética simbolista.

O problema do misticismo ocupa lugar central na poética simbolista, herdeira que é da visão romântica de mundo. O caráter místico da escola foi atestado por diversos estudiosos do movimento. Embora alguns tenham confundido misticismo com dogmatismo ou atribuído

---

5. Sobre a relação entre a Escrita Automática e a experiência mística, remeto o leitor a um artigo que dediquei ao tema: "A Escrita Automática em Água Viva, de Clarice Lispector" (Veras, 2008).

o epíteto "místico" a poetas que não transcenderam a dimensão lexical do contato com o universo religioso, alguns críticos penetraram fundo as relações entre poesia e misticismo, percebendo o quanto a questão é, sobretudo, um problema de linguagem. É o caso do crítico francês Roger Bastide, um dos maiores intérpretes da poesia de Cruz e Sousa. Partindo de uma reflexão genealógica sobre o Movimento Simbolista, cujas origens remontariam ao misticismo medieval, Bastide procura diferenciar, em seus "Quatro estudos sobre Cruz e Sousa", a experiência literária do poeta catarinense da de seus contemporâneos, a partir de uma noção de símbolo importada dos estudos de M. Baruzi sobre o misticismo poético de São João da Cruz. Trata-se do conceito de símbolo-experiência:

> Em São João da Cruz, que foi admiravelmente estudado deste ponto de vista por M. Baruzi, o símbolo não é uma imagem tomada voluntariamente pelo escritor para descrever sua própria experiência, mas é uma criação estética que é experiência ao mesmo tempo que explicação dessa experiência, é um produto da vida mística e não uma imagem dessa vida: "Haveria" – diz M. Baruzi – "uma tão íntima fusão da imagem e da experiência que não podemos falar de esforço para figurar plasticamente um drama interior... Não haveria mais tradução por um símbolo de uma experiência: haveria, no sentido estrito da palavra, experiência simbólica". Assim, o misticismo termina forçosamente em poesia ou música; quando São João volta de sua aventura espiritual, ainda deslumbrado de Deus, quando a iluminação e o êxtase terminam, não acha que as palavras sejam capazes de dizer o inefável, porque as pobres palavras de que nos servimos são as palavras da "tribo", como diz F. Bacon, desvalorizadas por terem rolado através dos séculos em tantas bocas profanas, e ele é obrigado a recorrer a imagens, mas a imagens vividas, que ainda guardam em si um pouco do fogo divino, como aquela da Noite escura. (Bastide, 1979, p. 175)

Essa busca pela "tradução verbal do inefável" (Bastide, 1979, p. 178) é o drama comum aos poetas simbolistas. O emprego do símbolo-experiência, procedimento que atualiza o estado místico, diferenciaria, entretanto, a poesia de Cruz e Sousa no contexto da escola simbolista. A prática dessa forma simbólica seria, segundo Roger Bastide, "para a poesia o que o misticismo é para a religião" (Bastide, 1979, p. 187). Esse caráter místico, que se realiza linguisticamente no emprego do símbolo-experiência, emprestaria a Cruz e Sousa um lugar de destaque na "tríade harmoniosa" do Simbolismo, formada por ele, Stefan Georg e Mallarmé. A superioridade do autor de *Broquéis* foi desta maneira explicada pelo crítico francês:

> Mallarmé continua contemplativo, ao passo que o que domina em Cruz e Sousa é a viagem e a subida, é o dinamismo do arremesso, e isso porque ele era brasileiro, do país da saudade, e de origem africana, de uma raça essencialmente sentimental. Eis por que, em rigor, há menos experiência em Mallarmé que visão platônica, que se preocupou principalmente com a tradução poética de sua visão, que fica sempre no terreno da pesquisa técnica, do trabalho voluntário e da arte, enquanto Cruz e Sousa, mais atormentado, vive a experiência simbólica, acha seus símbolos não por mecanismo da vontade, e sim na espontaneidade da busca; experimenta-se no interior de sua saudade, como criação imprevisível e que se lhe impõe. (Bastide, 1979, p. 187)

A partir das contribuições de Roger Bastide, David Cooper e William James, é possível estabelecer uma noção de misticismo como referência para se pensar a poesia de Alphonsus de Guimaraens. A experiência mística seria, num amálgama das noções anteriormente apresentadas, uma experiência de ascensão rumo à superação dos limites entre sujeito e objeto. Sua implicação poética, conforme sugere Roger Bastide, incide sobre a constituição do signo, que deixa de ser imagem e passa a ser produto mesmo dessa experiência. A sede de transcendência, impulso inicial da experiência mística, que caracteriza os poetas simbolistas, é plenamente identificável em Alphonsus de Guimaraens. Embora ela não se realize poeticamente na radicalidade de Cruz e Sousa, ela é capaz de emprestar à obra do poeta mineiro, conforme acreditamos, o seu centro impulsionador: a tensão entre essa ânsia de transcendência e a desilusão decadente, entre a busca pelo Absoluto e a consciência melancólica de sua inacessibilidade. Seja como for, essa sondagem – nunca satisfeita – do Absoluto define, para muitos críticos e, de certa forma para este trabalho, a poesia mística de Alphonsus de Guimaraens. Para Massaud Moisés (2001, p. 287), "a poesia mística de Alphonsus de Guimaraens, intimamente relacionada com a poesia lírico-amorosa, é a de um crente em transe de fé, de alguém medularmente religioso, mas que não aceita a religião como uma soma de dogmas petrificados".

Justamente por obedecer a um impulso místico, a experiência religiosa em Alphonsus não se reduz ao dogma. Tampouco sua religiosidade poética se esgota no emprego de termos litúrgicos em seus versos. E, nesse aspecto, o poeta mineiro transcende qualquer definição superficial de misticismo, baseada no emprego superficial de termos do campo semântico místico-religioso. Para Jamil Almansur Haddad (1945, p. 13):

> É preciso distinguir de início o verdadeiro misticismo que pelo menos na sua acepção religiosa, levando ao êxtase, é um meio de comunicação com a divindade, um meio de integração nela, do pseudo-misticismo posto muito em voga pelo simbolismo, que longe desta comunicação ou desta integração, satisfazia-se meramente com o apreço das exterioridades do ritual.

Alphonsus de Guimaraens, definitivamente, não se "satisfaz (...) com as exterioridades do ritual", seu liturgicismo não é puramente referencial, é a vivência poético-religiosa da busca pelo Mistério. A experiência religiosa que se extrai de seus versos é de uma inquietude tal que não se resolve no dogma católico, que não encontra porto seguro no mundo dos homens. Por outro lado, sua poesia desconhece o ponto final da experiência mística, que é a estaticidade e o silêncio do êxtase religioso. Sua poesia melancólica se debate entre o niilismo e o êxtase impossíveis, como pretendemos demonstrar mais adiante. Nesse aspecto, Alphonsus de Guimaraens demonstra sua filiação romântica, expressa, se não em sua prática poética, pelo menos em sua visão de mundo. A sede de transcendência, a busca, sempre insatisfeita, pelo Absoluto e o pessimismo melancólico que lhe tingem a poesia estão em completa consonância com a filosofia do Romantismo, pois

> A obsessão do romântico é sempre o absoluto, a totalidade. E por isso o sentimento romântico adquire uma coloração religiosa que lhe é própria,

e que se traduz, em sua forma mais típica, na nostalgia, quer dizer, na impossibilidade de integrar-se plenamente no Absoluto. [...] Os românticos comprazem-se em sua insatisfação; podemos dizer que a satisfação consiste em permanecer insatisfeito e, portanto, nostálgico, eternamente saudoso. (Bornheim, 1978, p. 45)[6]

Uma rápida análise de mais alguns aspectos da poética simbolista pode ajudar nessa tentativa de situar a poesia alphonsina no âmbito do misticismo. Partindo da própria noção de símbolo, especialmente aquela pensada por Mallarmé, percebe-se facilmente que essa poética é de fato avessa ao dogmatismo religioso. Segundo Umberto Eco (2003), que dedicou um ensaio à questão, o símbolo é o signo do inefável, é o signo que nunca se reduz à significação totalizante, em oposição total ao dogma. A noção de símbolo, desligada do comprometimento das religiões e da teologia com a defesa de um sentido unívoco para a vida, radicaliza-se ainda mais na modernidade, quando não consignada "por uma tradição cristã (ou pagã)" (Eco, 2003, p. 140). O símbolo moderno teria, assim, alcançado o estado de plena insondabilidade, não como símbolo religioso, mas como símbolo poético. Ainda segundo Eco, "a nossa noção [moderna] do simbólico radicaliza-se apenas em um universo laico, no qual o símbolo não deve mais revelar e esconder o absoluto das religiões, mas o absoluto da poesia" (Eco, 2003, p. 142).

Essa noção de símbolo corresponde ao que Mallarmé, na França, e Cruz e Sousa, no Brasil, perseguiram intensamente. Alphonsus de Guimaraens, por outro lado, está, como já sugerimos, aquém dessa radicalização poética do símbolo moderno. Sua poesia está a meio caminho dela. Seus versos são a materialização de uma ânsia que nunca se satisfaz, impedida pela lucidez de uma consciência que parece não querer ou não poder se entregar por completo à dissolução mística. A vontade de união permanece, mas está sempre assombrada pela dúvida, pelo niilismo, pela consciência da cisão insuperável entre o homem e Deus.

---

6. No terceiro capítulo deste livro, tentaremos associar esse sentimento romântico de nostalgia diante do inacessível ao conceito de melancolia, que será extraído das obras de Freud e de Giorgio Agamben.

A esta altura já deve estar claro que à poesia mística não basta o mero emprego de um "idioma litúrgico" (Muricy, 1987, p. 448), não basta a mera transcrição poética dos dogmas. A poesia mística se realiza quando a linguagem poética se deixa moldar pela experiência de busca pelo inefável, de contato com o mistério. Num ensaio pouco divulgado, publicado em 1972, Henriqueta Lisboa procurou distinguir as noções de poesia mística e poesia religiosa para aplicá-las à análise de dois poetas: Alphonsus de Guimaraens e Severiano de Resende. Segundo esse ensaio,

> Será talvez oscilatória uma raia a separar a poesia religiosa da poesia mística, embora possamos distingui-las em tese. De acordo com a etimologia da palavra, mística supõe mistério; de acordo com o fenômeno poético, este mistério tem caráter dual subjetivo-objetivo. Assim, prevalece na poesia mística a susceptibilidade individual elevada a um grau de extrema tensão, em que a lucidez do intelecto (ou a revelação mesma) surge com o deslumbramento de determinada visão em meio a trevas. [...] Entretanto, na poesia religiosa predominam os sentimentos de confiança e amor, junto à intuição de que a beleza e o bem são uma entidade em harmonia específica, daí resultando limpidez e fluidez assim como de águas a caminho do estuário. (Lisboa, 1972, p. 29)

Para Henriqueta Lisboa, portanto, a poesia mística explicar-se-ia nos termos do mistério e da "susceptibilidade individual elevada a um grau de extrema tensão", ou seja, da experiência de anulação da individualidade por meio da abertura máxima do sujeito para o objeto. Lisboa associa essa noção à poesia de Severiano. À poesia de Alphonsus, a analista aplica seu conceito de poesia religiosa, que explica-se nos termos da confiança, do amor e da intuição de que o bem e o belo coincidem numa entidade harmoniosa. A poesia de Alphonsus, segundo a análise de Lisboa, seria religiosa em função de sua atmosfera "triste, porém banhada de mansuetude, como se tivesse estabilidade própria e segurança perene". Nesses termos, sua poesia aparece como triste e conformada, num decadentismo resolvido na fé desprovida de tensão.

Entretanto, é difícil pensar num Alphonsus plenamente conformado no alento do dogma ou da fé tradicional. É impossível desconsiderar a inquietude, a dúvida religiosa, e a tensão que muitas vezes marcam sua poesia. O provável equívoco de Lisboa talvez esteja na universalização de uma dimensão poética de fato caracterizadora do poeta mineiro: a mansuetude.[7] Lisboa traduz em eufemismos como "mansuetude", "estabilidade própria" e "segurança perene" o que há de humildade poética e serenidade em Alphonsus de Guimaraens. Achamos, entretanto, que a serenidade, o conformismo e a humildade de sua poesia não são características do fiel, do crente em Deus, mas do decadente absorto na melancolia da impossibilidade de transcendência. Essa melancolia é fruto de uma necessidade que Henriqueta Lisboa parece não considerar em Alphonsus, a necessidade de transcendência poética, a busca angustiada pela tradução do inefável.

Não cremos haver num verso sequer do poeta mineiro uma manifestação segura de fé, pelo menos numa análise global de sua obra. "Vivendo a agonia cristã de que fala Miguel de Unamuno, seu sentimento religioso desconhece a imobilidade e a verdade-feita" (Moisés, 2001, p. 287). Por tudo isso, preferiremos, neste trabalho, "melancolia" à "mansuetude", e "desilusão" à "segurança perene", na busca por compreender os momentos esvaziados de desespero religioso, como nos versos que Lisboa toma como exemplo em seu ensaio.

Essa imagem conformada e pia do autor de *SDNS* não condiz também com sua filiação literária. Se há religiosidade nos poetas decadentistas, ela assume quase sempre um caráter negativo. Sua presença na poesia do século XIX marca a "exasperação de idealistas em meio da sociedade utilitarista" (Pereira, 1975, p. 27) e deve ser entendida como forma de resistência, na esteira das palavras de Alfredo Bosi, que vê "em toda grande poesia moderna, a partir do Pré-romantismo, uma forma de resistência simbólica aos discursos dominantes" (Bosi, 2000, p. 164).

Tudo isso aproxima, segundo nossa leitura, a poesia de Alphonsus de Guimaraens da de Charles Baudelaire, que também vivenciou a desilusão metafísica e praticou uma poesia de resistência. No ensaio citado

---

7. Acreditamos que Lisboa tenha captado, nessa análise, um pouco da atmosfera de resignação melancólica que, também, como veremos no capítulo três desta obra, é definidor da poesia de Alphonsus de Guimaraens. A estudiosa, entretanto, prefere conferir a esta atmosfera uma conotação positiva, ao associá-la à mansuetude e à serenidade.

anteriormente, Alfredo Bosi destaca alguns caminhos de resistência trilhados pela poesia moderna, dentre os quais estão, além do combate direto às forças de dominação, a tentativa de recomposição dos tempos mágicos, da "grandeza heróica e sagrada dos tempos originários" (Bosi, 2000, p. 173) e a busca pela "ressacralização da memória mais profunda da comunidade" (Bosi, 2000, p. 174). Em Alphonsus de Guimaraens, a resistência se dá justamente na tentativa sempre fracassada de restauração da unidade perdida, de *re*-união mística com o Absoluto e naqueles momentos mais cáusticos de sua poesia satânica, como em *Kyriale*. Discutindo com bastante minúcia a questão, a pesquisadora Francine Fernandes Weiss Ricieri, dessa vez em sua tese de doutorado, escreve:

> Em Alphonsus de Guimaraens, a resistência, no sentido que Bosi atribui ao termo, teria seu momento em um espaço apertado. Seus versos parecem erguer-se em um território impreciso entre a tentativa (fadada ao fracasso) de recuperação de uma vivência mística não cindida e a confissão de uma fissura agônica. (Ricieri, 2001, p. 40)

Acreditamos que esse "espaço apertado" pode ser definido nos seguintes limites: o fervor agônico da busca corresponde aos momentos de maior tensão em Alphonsus de Guimaraens; tal subida, entretanto, jamais encontra satisfação na revelação mística e o fervor se torna desilusão; à margem dessa experiência fracassada e como seu resultado direto, paira a melancolia, que está sempre associada ao inapreensível, à impossibilidade de acesso ao objeto (Agamben, 2001), como veremos no terceiro capítulo deste trabalho.

Acreditamos que *SDNS*, primeiro livro publicado pelo poeta mineiro, pode nos oferecer um retrato privilegiado dessa posição ocupada pelo sujeito poético alphonsino perante a transcendência, a modernidade e a própria poesia. Entendido tradicionalmente pela Crítica como um mero livro "de orações" em que o poeta expressa "fervor angelical e graça lírica" (Lisboa, 1945, p. 40), *SDNS* é a manifestação de uma consciência marcada pela cisão, pela fratura sujeito-objeto. De sua constituição formal, como pretendemos demonstrar aqui, extrai-se uma profunda reflexão acerca da condição do poeta moderno diante da perda do sentido imanente e da falência das vias de contato com o Absoluto. Aparentemente um oratório de consagração e louvor às Dores de Nossa Senhora, a obra configura-se como uma experiência poética de vontade mística seguida de fracasso metafísico e melancolia. Nos sonetos que a compõem, encontra-se talvez um elemento modelar para a poética de Alphonsus de Guimaraens: um eu lírico marcado pela tensão, pelo fracasso e pela melancolia. É nesse sentido que poderemos entendê-la como reflexão poética despersonalizada, no sentido que Hugo Friedrich dá ao termo, em sua análise de Baudelaire. Para o crítico, com o poeta de *Les Fleurs du Mal*,

> começa a despersonalização da lírica moderna, pelo menos no sentido que a palavra lírica já não nasce da unidade de poesia e pessoa empírica, como haviam pretendido os românticos, em contraste com a lírica de muitos séculos anteriores. (Friedrich, 1991, p. 36)

Com efeito, é possível falar, a partir da análise de *SDNS*, em uma experiência poética guiada pelo intelecto em Alphonsus de Guimaraens. Da arquitetura dessa obra aparentemente confessional extrai-se uma espécie de *cogito* poético capaz de orientar toda uma reflexão acerca da modernidade do poeta mineiro. Tácito Pace, no já citado trabalho sobre Alphonsus, já havia intuído algo acerca do caráter *suprapersonal* do sujeito poético de *SDNS*. Segundo ele,

> A intencionalidade da escolha do tema, a arquitetura de sua estruturação, o lirismo litúrgico e a apoteose à Virgem Maria excluem qualquer devaneio relacionado com os problemas sentimentais do poeta e mesmo com seu comportamento emocional, derivado de seu noivado. (Pace, 1984, p. 97)

Seria precipitado associar essas palavras de Pace diretamente ao conceito de Friedrich. Parece-nos que o crítico brasileiro vislumbra, nos versos da obra em questão, apenas um arrefecimento do determinismo biográfico, uma vez que, apesar de excluir a influência da morte de Constança, não toca na questão do catolicismo do poeta. De qualquer modo, há em Pace ao menos a sinalização de uma mudança de tom, especialmente quando se constata que em *SDNS* a Crítica biográfica pôde encontrar, numa análise superficial, um de seus melhores exemplos. Francine Ricieri, entretanto, vai bem mais além. Segundo ela,

O *Setenário* – mais que um livro "de horas" – abriga em seu aparente confessionalismo anacrônico uma intelecção do poético que remete diretamente a concepções que começam a ser concretizadas em obras poéticas como a de Charles Baudelaire e escritores afins. (Ricieri, 2001, p. 36)

Tal intelecção do poético deve ser entendida, na nossa visão, como uma experiência universal bem aos moldes do conceito de despersonalização cunhado por Friedrich. Universal, entretanto, não aponta para uma alienação histórica, pois a condição do poeta diante do inefável se agrava na modernidade do século XIX. Bebendo na fonte da tradição, por meio de seu contato com o misticismo e com a liturgia cristã e católica, *SDNS* fixa suas raízes na modernidade, plasmando em sua constituição arquitetônica a experiência típica do homem moderno e do sujeito poético alphonsino: a experiência da cisão crítica com o mundo. Por tudo isso, essa obra deve ser examinada, primeiramente, em seus aspectos estruturais, o que será feito no capítulo que se segue.

CAPÍTULO II
O oratório poético de Alphonsus de Guimaraens

Setenário das Dores de Nossa Senhora pode ser considerado uma representação poética de uma das mais importantes e tradicionais celebrações litúrgicas do catolicismo. A complexidade estrutural do rito que celebra as Dores de Nossa Senhora foi em parte absorvida pela obra de Alphonsus de Guimaraens, dando origem a uma composição literária que demanda uma reflexão acerca de suas relações com algumas formas e procedimentos litúrgicos. A devoção às Dores de Maria data do século XIV (Cazelles, s/d). Inicialmente, as meditações sobre as Dores, que eram cinco, concentravam-se na cena do Calvário. Posteriormente, estenderam-se, compreendendo, também, os outros episódios da Paixão e dando origem ao esquema sétuplo tradicional. Ainda no século XIV, desenvolveu-se uma tradição paralela, que considerava que as Dores de Maria não se restringiam aos limites da Paixão de Cristo, mas são marcas de toda a trajetória de vida da santa. Esse último esquema – o de sete Dores compreendendo toda a narrativa dos evangelhos – foi o que prevaleceu na tradição litúrgica, e acabou servindo de referência para Alphonsus de Guimaraens compor seu *Setenário das Dores de Nossa Senhora*. Seguindo, portanto, esse esquema, as Sete Dores nas quais se baseou o poeta foram as seguintes:

1. A profecia de Simeão;
2. A matança dos Inocentes e a fuga para o Egito;
3. Perda de Jesus em Jerusalém;
4. Jesus é preso e julgado;
5. Jesus é crucificado e morre;

6. Jesus é descido da cruz;
7. Jesus é sepultado.

SDNS se estrutura em sete capítulos, contendo cada um sete sonetos. Seguindo o modelo predominante nas festas das Sete Dores de Maria, a composição se orienta por algumas passagens do Evangelho, definidas pela tradição católica, para recontar e meditar sobre o martírio da santa. Cada capítulo do livro se propõe a refletir sobre uma Dor. Essa meditação é feita a partir da recuperação da narrativa bíblica, donde se extraem, ainda em conformidade com a tradição, os trechos que servem de epígrafe para cada capítulo/Dor. Dessa forma, temos um livro que faz convergir narração e meditação, num amálgama dos gêneros narrativo e lírico. Considere-se, à guisa de primeiro exemplo, este trecho, predominantemente narrativo, do soneto I da Primeira Dor:

> Entram no Templo. Um hino do Céu tomba.
> Sobre eles paira o Espírito celeste
> Na Forma etérea de invisível Pomba.
>
> Diz-lhe o velho Simeão: "Por uma Espada,
> Já que Ele te foi dado e que O quiseste,
> A Alma terás, Senhora, traspassada..."
>
> (Guimaraens, 1997, p. 216)

O "fluir da temporalidade, em que se inserem as personagens e os acontecimentos" (Silva, 1976, p. 232) é claramente perceptível nesses versos. Por meio deles, o poeta introduz uma das cenas iniciais da narrativa das Dores: a entrada de Maria, José e Jesus no Templo, onde a santa ouve as palavras proféticas de Simeão,[1] episódio que consiste na primeira das sete Dores.

Exemplos de trechos predominantemente líricos não faltam em *SDNS*. Ainda no capítulo inicial, o poeta dedica o soneto VI à descida do Espírito Santo sobre a Mãe do Cristo. Ao contrário do trecho citado anteriormente, esse soneto caracteriza-se pela estaticidade, pela ausência quase completa do fluir temporal.

---

1. Lc. (2: 35).

De luar vestido, o fúlgido semblante
Entre bastos cabelos irisados,
E sobre o flanco a túnica irradiante
Que eram nesgas de céus nunca sonhados:

Os seus olhos de poente e de levante
Em silêncios de luz ilimitados;
Era o celeste Cavaleiro andante,
Anunciador de místicos Noivados...

E que Noivado o seu! Nuvens radiosas
Cercando o Mensageiro altivo e doce,
Debaixo de amplo céu de seda e rosas...

E dentro das olheiras cor-de-goivo,
O olhar da Virgem santa eternizou-se:
O Espírito de Deus era o seu Noivo...

(Guimaraens, 1997, p. 218)

Assim, o poema se destaca do conjunto da Primeira Dor por seu lirismo imagético e celebrativo na abordagem da cena. Embora se enquadre no todo narrativo, esse soneto tem uma função mais lírica que narrativa. Se, à luz do contexto narrativo criado pelos outros poemas, identificamos, no soneto VI, alguns dados narrativos, estes devem ser entendidos como elementos subordinados à intenção lírica dos versos, pois "o dado narrativo, que pode fazer parte da estrutura de um poema lírico, tem como função única evocar uma situação íntima, revelar o conteúdo de uma subjetividade" (Silva, 1976, p. 230).

Essa estrutura discursiva mista, presente na obra, pode ser comparada a diversos gêneros da tradição litúrgica. Desde os primórdios do culto cristão, podemos verificar a presença de formas litúrgicas baseadas na polifonia,[2] ou seja, no emprego de duas ou mais vozes numa mesma celebração. Nos capítulos da história da liturgia, encontramos alguns gêneros capazes de ilustrar bem essa tendência cristã às formas dialogadas.

A inserção de formas dialogadas na liturgia cristã data provavelmente do século IX. A intenção era proporcionar aos fiéis uma participação mais direta nos mistérios, o que, antes, era inviável, em função da total centralização do culto na figura do sacerdote. Essa participação direta passou, então, a ocorrer por meio de curtas cenas dialogadas introduzidas em momentos determinados da liturgia (Candé, 2001). Já no século X, provavelmente em Saint-Martial de Limoges, o Introito de Páscoa apresentava uma introdução em fórmula de diálogo, um "tropo dialogado" (Candé, 2001), que permitia a presença de outras vozes, que não a do Padre, na celebração da Páscoa. Segundo alguns musicólogos, esses diálogos podem ser considerados a origem de um gênero que trouxe repercussões imensas para a história da arte, por estar na base de grande parte do teatro europeu, da ópera e dos oratórios. Trata-se do drama litúrgico. O gênero apresenta grande complexidade cênica, se comparado aos primeiros diálogos encenados. Os dramas já contavam com um número bastante ampliado de personagens e episódios, e acabaram por consolidar uma tradição formal que, como dissemos, repercutiu com muita força nos séculos posteriores.

A tradição do drama litúrgico consolidou-se e alcançou um sucesso popular extraordinário. No início do século XVII, as representações sacras, outro gênero filiado àquela tradição, eram bastante difundidas na Europa. Sua evolução, entretanto, foi interrompida graças ao puritanismo da Contrarreforma, que, por meio da Inquisição, condenou o que considerava uma "profanação dos mistérios cristãos e da História santa" (Candé, 2001, p. 487). Esse vácuo deixado pelas representações

---

2. Empregamos essa palavra no sentido literal, sem qualquer pretensão conceitual e prescindindo da repercussão ideológica que a ela empresta Mikhail Bakhtin. O fenômeno poético presente nessa obra mais se aproxima de uma espécie de modulação, para usar outra metáfora musical. Na modulação uma mesma voz assume tonalidades diferentes ao longo do discurso. Mais à frente, voltaremos a essa questão.

é logo preenchido por outro gênero, a lauda. O canto das laudas mantém os diálogos, extraídos sempre do Evangelho, e elimina a expressão corporal. Em pouco tempo, o esvaziamento da encenação e a manutenção da forma dialogada dão origem a outra forma litúrgico-musical bastante tradicional, o oratório. Segundo o musicólogo Roland de Candé (2001, p. 488),

> A obrigação de renunciar ao jogo cênico tornava necessário o relato da ação pelo coro ou por um narrador, que será chamado *historicus, storico, testo* ou, mais tarde, "recitante" (o evangelista das Paixões). A importância dessas funções é uma das características distintivas do oratório.

O conceito de oratório aparece diversas vezes confundido com o de cantata. De fato, a distinção entre esses dois gêneros de composição vocal não cênica e de mesma descendência não é nada fácil. Teoricamente, costuma-se identificar no oratório um caráter mais narrativo e dramático e, na cantata, um aspecto essencialmente lírico. Ocorre, entretanto, que a evolução histórica dos dois gêneros os aproximou mais que os distinguiu, de modo que a presença de elementos narrativos, dramáticos e líricos é perfeitamente identificável tanto num quanto noutro. Num recente artigo dedicado à análise de um dos oratórios mais conhecidos da história da música, a *Paixão Segundo São João*, de Johann Sebastian Bach, o pesquisador Thiago Saltarelli destaca, no gênero em questão, a coexistência de elementos narrativos, líricos e dramáticos. Em sua tentativa de associar o fenômeno musical do oratório a elementos retirados do campo dos estudos literários, o autor escreve:

> O que interessa a nosso estudo [...] é perceber que o gênero oratório é constituído normalmente por uma dimensão épica, uma lírica e ainda uma dramática. No caso de *Paixão Segundo São João* isso pode ser facilmente percebido: a dimensão épica está contida na narração de trechos do Evangelho de João – e eventualmente alguns trechos do de Mateus – pelo evangelista, por meio dos recitativos narrativos. A dimensão dramática consiste, ainda no texto do Evangelho, nas passagens em que os personagens da história bíblica participam diretamente das cenas e tomam a palavra. Em termos textuais, ocorre a transformação do discurso indireto do evangelista no discurso direto dos personagens. Essas passagens são

postas em música nos recitativos expressivos e nos coros – estes últimos representando a turba, a multidão de judeus disposta a condenar Jesus. A dimensão lírica é dada em dois momentos do texto poético: nas árias e nos ariosos. O compositor esboça uma meditação pessoal ou emite um comentário sobre a cena ou a narrativa que acaba de suceder. (Saltarelli, 2006, p. 135)

Essa tradição formal que deságua no oratório, cuja estrutura discursiva se caracteriza, como vimos, pela convergência dos gêneros dramático, lírico e épico/narrativo, parece ter influenciado a composição de SDNS. Além do emprego consciente das vozes narrativa e lírica no interior dos capítulos e sonetos que compõem a obra, outro aspecto aproxima essa obra de Alphonsus de Guimaraens do gênero oratório, sua arquitetura geral. Assim como no gênero musical, a narrativa, em Alphonsus de Guimaraens, é precedida de uma peça de abertura, que anuncia as pretensões da obra, e é concluída com outra peça, também de cunho lírico, que funciona como uma espécie de oração final. Em SDNS, essas peças correspondem, respectivamente, à "Antífona" e à "Epífona". A análise da "Antífona" nos permitirá aprofundar algumas das questões levantadas no primeiro capítulo deste trabalho, pois é exatamente nesse poema de abertura que temos a manifestação das intenções místicas da obra, bem como da consciência prévia de seu fracasso, decorrente do caráter melancólico do eu lírico alphonsino. Nas sete estrofes do poema, o poeta se dirige a Nossa Senhora, anunciando a pretensão de cantar e vivenciar as dores da Mãe do Cristo. Ao mesmo tempo, delineia-se uma imagem cindida do eu lírico, que aparece, então, em sua intimidade diante da Virgem, como um ser indigno de experimentar a dor da santa. Desse modo, a "Antífona" é um prenúncio da tensão entre desejo de fusão mística e fracasso poético que marcará toda a obra.

ANTÍFONA

Volvo o rosto para o teu afago.
Vendo o consolo dos teus olhares...
Sê propícia para mim que trago
Os olhos mortos de chorar pesares.

A minha alma, pobre ave que se assusta,
Veio encontrar o derradeiro asilo
No teu olhar de Imperatriz augusta,
Cheio de mar e de céu tranqüilo.

Olhos piedosos, palmas de exílios,
Vasos de goivos, macerados vasos!
Venho pousar à sombra dos teus cílios,
Que se fecham sobre dois ocasos.

Volvo o peito para as tuas Dores
E o coração para as Sete Espadas...
Dá-me, Senhora, para os teus louvores,
A paz das almas bem-aventuradas.

Dá-me, Senhora, a unção que nunca morre
Nos pobres lábios de quem espera:
Sê propícia para mim, socorre,
Quem te adorara, se adorar pudera!

Mas eu, a poeira que o vento espalha,
O homem de carne vil, cheio de assombros,
O esqueleto que busca uma mortalha,
Pedir o manto que te envolve os ombros!

Adorar-te, Senhora, se eu pudesse
Subir tão alto na hora da agonia!
Sê propícia para a minha prece.
Mãe dos aflitos...

Ave, Maria...

(Guimaraens, 1997, p. 215)

    Esse poema pode ser dividido em quatro etapas. Nas primeiras estrofes, temos a exortação à personagem, que aparece como uma espécie de bálsamo para o poeta sofredor. Este se desenha como uma "pobre ave que se assusta", mas que pôde encontrar repouso nos olhos da santa, comparados à infinitude e à serenidade do mar e do céu. Na terceira estrofe, essa exortação abre espaço para o trecho mais tenso do poema, o momento que o fervor do poeta se materializa na tentativa de definir poeticamente a figura de Maria. Segue-se, então, uma sequência reiterativa de epítetos que se estende por dois versos: "Olhos piedosos, palmas de exílios!/Vasos de goivos, macerados vasos!". A estrofe se encerra com uma bela imagem para a Totalidade – "Venho pousar à sombra dos teus cílios/Que se fecham sobre dois ocasos" – ansiada pelo poeta, que enxerga na Mãe de Cristo o ponto final dos conflitos da existência, numa espécie de comunhão com o Absoluto. A intensificação da súplica e da vontade de comunhão mística acaba desaguando na intenção sacrificial, que se expressa nos seguintes versos, em que o poeta manifesta o desejo de vivenciar as dores de Maria: "Volvo o peito para as tuas Dores/E o coração para as Sete Espadas...". Trata-se do momento mais tenso desse poema suplicatório. Ao fervor desses versos, entretanto, sucede-se o arrefecimento da intenção mística que se dá por meio da autoconsciência do poeta, que, então, reconhece a própria infimidade perante Nossa Senhora, cujas dores são inatingíveis à vileza humana que o caracteriza. A quarta etapa corresponde ao retorno da súplica, agora humilhada pela consciência do fracasso inevitável, pela cisão insuperável entre o poeta e Maria.

Essa peça de abertura do oratório poético de Alphonsus de Guimaraens pode ser tomada, portanto, como uma amostra prévia da experiência poética que marcará todos os capítulos de *SDNS*. Como dissemos, no capítulo anterior, essa obra configura-se como uma experiência poética de vontade mística seguida de fracasso metafísico e melancolia. Numa espécie de parábola, seus versos seguem sempre o movimento de ascendência mística e arrefecimento consciente, de tensão religiosa e distensão crítica, de desejo e fracasso metafísico. Por um lado, a obra dialoga com a tradição mística do culto mariano; por outro, mostra-se contaminada pela tradição crítica da modernidade.

A celebração das Dores de Maria é um ritual de grande vocação mística, desde seus primórdios.

> Já nos tempos dos primeiros "Padres do deserto" (séc. IV-V), Abba Poemen, interrogado ao sair de um êxtase, respondia constrangido: "o meu pensamento estava onde se encontra Maria, Mãe de Deus, que chorava ao

pé da Cruz do Salvador. E eu, eu queria chorar todo o tempo assim".
(Cazelles, s/d, p. 54)

Entretanto, em Alphonsus de Guimaraens, essa subida extática é assombrada pelo peso da consciência, que nunca se deixa dissolver. Aos momentos de auto-humilhação presentes na "Antífona" corresponderão os muitos poemas metalinguísticos do *SDNS*, nos quais o poeta, sempre num momento de arrefecimento após o fervor extático de um trecho narrativo, emerge como consciência do fracasso místico diante da inacessibilidade do mistério das Dores de Maria. Nos versos já analisados da "Antífona", percebe-se que o eu lírico pretende vestir o manto de Maria, experimentar, através da poesia, o sofrimento da Mãe de Cristo. Porém, a empreitada aparece, para o poeta, como algo inatingível, uma vez que sua humanidade está aquém da santidade da Virgem. Esse reconhecimento da incapacidade humana do poeta é, em grande parte, o reconhecimento da insuficiência da linguagem, e a dimensão metalinguística da obra denuncia justamente essa consciência. Os tercetos do soneto VII da Sexta Dor, por exemplo, dizem o seguinte:

> Nem pretendo, Senhora, (fora um sonho)
> Dizer toda a agonia que sofrestes
> Nos versos que ante vós, humilde, ponho.
>
> Por mais nobre que seja, é sempre tosco,
> Tem sempre versos pálidos como estes
> O poeta que quiser chorar convosco.

(Guimaraens, 1997, p. 215)

Esses versos pertencem a um dos muitos poemas metalinguísticos da obra. Nesses poemas, o poeta toma distância do Mistério, admitindo sua plena incapacidade de vivenciá-lo e, com isso, arrefecendo a tensão mística que marca os trechos de fervor, nos quais o poeta procura contar e cantar a trajetória dolorosa de Maria. Considerando o todo da narrativa, experimentamos, sem muita dificuldade, esse movimento de tensão e arrefecimento.

As Dores Quarta e Quinta parecem, nessa perspectiva, ocupar o ápice dessa curva, pois se referem, de fato, aos momentos mais tensos da narrativa: a Paixão e a Morte de Cristo. Após a narrativa dessas Dores, o tom de lamento e desilusão toma conta dos versos, que passam a expressar com mais frequência e intensidade a sensação de fracasso do poeta. Nesse oratório poético de Alphonsus de Guimaraens, a intensidade dos trechos narrativos, presos aos fatos bíblicos, e dos trechos líricos, que expressam a emoção do poeta cantor dos sofrimentos da Virgem, cede espaço, praticamente a cada final de capítulo, à desolação da voz poética que, fracassada em sua empreitada, se vê distante, cindida e incapaz de tocar e vivenciar com seus versos as Dores inefáveis da Mãe de Cristo. Essa desolação coloca em evidência a condição do poeta, que aparece, então, não mais como o cantor apenas, mas como o problema central da própria poesia, em outras palavras, temos a emersão do sujeito enunciador como herói do próprio poema (Paz, 1993, p. 14). Dessa forma, *SDNS* se apresenta como uma obra metapoética, que, em verdade, reflete sobre a condição do poeta e da própria poesia na modernidade.

Escrevendo sobre o poema religioso no contexto do cristianismo, num texto intitulado "Contar e cantar", Octávio Paz (1993, p. 14) nos oferece alguns elementos válidos para a interpretação dessa obra de Alphonsus de Guimaraens. Segundo o crítico mexicano,

> O ocidente cristão introduz uma dupla e grande novidade. O poema longo da Antiguidade greco-romana – seja épico, filosófico ou religioso – é sempre objetivo e nele não aparece o autor. [...] Na poesia cristã aparece um elemento novo: o próprio poeta como herói. A Divina Comédia é um poema no qual se reúnem todos os gêneros anteriores – épicos, místicos, filosóficos – e no qual se conta uma história. O tema da história não é o regresso de Ulisses a Ítaca ou as aventuras de Enéias: relata a história da viagem de um homem ao outro mundo. Esse homem não é um herói, como Gilgamesh, e sim um pecador – e mais: esse pecador é o próprio poeta, o florentino Dante. O poema antigo era impessoal; com Dante aparece o eu.

Como vimos, essa "emersão do sujeito enunciador" é plenamente identificável na narrativa das Dores de Maria empreendida por Alphonsus de Guimaraens. Esse sujeito, conforme explica Octavio

Paz, é um pecador, um homem que, desde o princípio da enunciação, manifesta sua infimidade diante de Deus. O aparecimento do eu, com a poesia de Dante, intensifica-se com o advento da modernidade e, especialmente, com o Romantismo. Segundo Paz (1993), é com o poema romântico e, mais tarde, com o simbolista que o próprio cantar se torna tema do canto e que a questão da insuficiência da linguagem se torna problemática. A grande ocorrência de poemas metalinguísticos nas poéticas romântica e, principalmente, simbolista atesta a importância dessa questão para os poetas daquela época. *Setenário das Dores de Nossa Senhora*, de Alphonsus de Guimaraens, representa a plena consciência dessa condição problemática do poeta e da própria poesia na modernidade. Acreditamos que sua arquitetura, pensada por nós a partir da associação com o gênero oratório, é o elemento através do qual se manifesta essa consciência. O movimento de aproximação e distanciamento da voz poética diante do Mistério das Dores de Maria atesta, a todo momento, conforme comprovam os poemas metalinguísticos, o fracasso do poeta, o fracasso da linguagem, o fracasso da poesia no mundo moderno.

Os momentos de maior fervor e de maior tensão mística da narrativa de Alphonsus de Guimaraens são, sem dúvida, aqueles em que a voz poética se mistura aos fatos narrados, aproximando-se deles a fim de vivenciá-los via linguagem. Entre os sete capítulos, nenhum é mais intenso do que aquele que narra o auge das Dores de Maria, nos episódios da prisão, do martírio e da crucificação de Jesus Cristo. A análise desse capítulo deverá ser capaz de explicitar a estrutura em forma de oratório e o caráter místico de *SDNS*. Posteriormente, a análise de trechos dos capítulos finais evidenciará a intensificação dos momentos de arrefecimento místico e fracasso poético da obra. O recorte de nossa análise incide, portanto, sobre a curva descendente que se estabelece após o ápice da narrativa, quando a tensão mística, após atingir seu estado máximo, começa a se extinguir, abrindo espaço para os sentimentos de desolação e melancolia.

O sofrimento de Cristo é contado e cantado por Alphonsus de Guimaraens a partir da "Quarta Dor" e se estende até o último soneto da "Quinta Dor". O episódio é apresentado sob a perspectiva do Evangelho de João, donde se extraem as epígrafes que introduzem os dois capítulos. Os versículos citados foram retirados da *Vulgata*, a versão latina da *Bíblia* preparada por São Jerônimo.

A "Quarta Dor" é introduzida pelo versículo 17 do capítulo XIX: "*Et bajulans sibi crucem, exivit in eum qui dicitur Calvarioe locum.*" O capítulo enfoca, prioritariamente, a cena da crucificação. O primeiro soneto, entretanto, tem a função de retomar um importante episódio da Paixão de Cristo: o famoso diálogo com Pilatos. Bastante fiel aos dados da narrativa bíblica, esse soneto pode ser considerado um recitativo, pois sua função narrativa é claramente reconhecida no todo do capítulo. Em nenhum de seus versos emerge explicitamente a voz do sujeito enunciador, que mostra-se sempre preso aos fatos da *Bíblia*. Já no primeiro verso, o clima de tensão que marca o episódio da Paixão ganha uma perfeita expressão poética. Pilatos, num gesto ambíguo e que rendeu, ao longo da história, diferentes interpretações, encara o Cristo:

> Pontius Pilatus olha-O. Quieto e fundo
>
> (Guimaraens, 1997, p. 228)

O corte brusco no meio do verso, ocasionado pela presença do ponto final após a sétima sílaba poética, estabelecendo sua divisão em hemistíquios praticamente idênticos, é o recurso responsável pela representação do clima de tensão que marca a cena. Colocado no fim desse primeiro hemistíquio, o ponto final provoca uma pausa brusca no fluxo do verso, sugerindo uma espécie de *tensão no silêncio*; exatamente a experiência definidora daquele encontro entre Pilatos e Jesus. A voz poética, no decorrer da estrofe, arrisca uma leitura para o olhar do representante de Roma, que aparece, então, não como um ser maligno, mas como um homem atormentado pela dúvida.

> Pontius Pilatus olha-O. Quieto e fundo
> Olhar mau que talvez de ódio não fosse;
> De ódio, não, mas de dúvidas fecundo...
> E Cristo era de pé, sereno e doce.
>
> (Guimaraens, 1997, p. 228)

Ainda nesses versos, merece atenção a imagem de Cristo apresentada pelo poeta. Em total contraste com a dúvida de Pilatos, Jesus é apresentado em estado de serenidade e doçura. A postura de Pilatos, entretanto, se modifica. E é nesse momento que sua voz se intromete na narrativa, que, então, abre espaço para o discurso direto. No mesmo poema, ganham voz, também, Jesus e a turba. As palavras que compõem esses diálogos foram extraídas de João (18: 33 - 37) e aparecem, na voz dos próprios personagens, até o fim da narrativa, quando a turba condena definitivamente Jesus à morte.

> Depois, aquele olhar, que de profundo
> Se fizera de escárnio, iluminou-se:
> – "És o Rei dos Judeus?" Que deste mundo
> O seu reino não era. E a voz calou-se.
>
> – "És Rei?" – "Disseste-o". E a multidão oprime
> A Pilatus. No entanto para a turba
> Ele fala: – "Não lhe acho nenhum crime".
>
> "Ei-los, Jesus e Barabás precito:
> Qual à morte votais?" (A dor perturba
> O céu de amplo clamor...) – "Jesus"! foi dito.
>
> (Guimaraens, 1997, p. 228)

O poema é marcado pela intromissão de vozes, que se juntam à do narrador, para representar a balbúrdia da ocasião que condenou Jesus à morte. Os versos desse soneto, sempre entrecortados pelo revezamento das vozes e pela sintaxe que essa estrutura implica, apresentam-se quebrados, expressando, por meio dessas frequentes interrupções na esperada fluência rítmica, o caráter tenso e problemático da cena representada.

O verso inicial do soneto II parece seguir um modelo sintático semelhante ao do verso inicial do soneto anterior. O verso é praticamente uma transcrição de João (18:40). Antes de analisá-lo, vale a pena observar que esse versículo foi empregado por Johann Sebastian Bach (1990), em seu oratório *Paixão Segundo São João*, numa circunstância bastante parecida da que foi usado por Alphonsus de Guimaraens. Na organização do oratório do compositor alemão, o versículo aparece entoado pelo Evangelista, imediatamente após o coro da turba, que anuncia a condenação do Cristo. O enunciado aparece, então, na voz do recitador, como uma assertiva simples, seca e direta. Vejamos como o versículo aparece na versão de Alphonsus de Guimaraens:

> *E Barabás era um ladrão.* Perdoado
> Foi da morte naquela Páscoa, e o Justo
> Sofreu o atroz suplício inolvidado,
> Braços abertos no Madeiro augusto.
>
> (Guimaraens, 1997, p. 229; grifo nosso)

Esse primeiro verso, bem como toda a estrofe, tem a função de expressar o contraste entre a justeza do Cristo e a abjeção de Barabás. Assim, é por meio da representação poética desse contraste que o recitador do oratório poético de Alphonsus de Guimaraens é capaz de ressaltar o caráter absurdo da decisão da turba. A transição para a segunda estrofe se dá a partir de uma elipse na narrativa. Do julgamento, o foco desloca-se para o Gólgota, sem passar pelas agruras da crucificação, que serão abordadas, entretanto, em poemas subsequentes. O caráter narrativo do recitativo vai, a cada verso, cedendo lugar ao lirismo da ária. A cena do Cristo pregado na cruz, representada como num quadro, estática, alheia ao movimento narrativo, torna-se, nesse momento, motivo de meditação e louvor para o poeta. Os versos ganham tonalidade lírica e a vivência das Dores do Cristo e de Maria parece, então, bem mais próxima.

> Na solidão do Monte descalvado
> O vento ulula, trêmulo de susto:
> No Céu, que lança à terra o olhar magoado,
> É sangue o luar, é sangue o sol adusto.
>
> Soa dorida a Hora marcada. Círios
> Em pranto, além, no Céu. Que negras noites
> Estendem véus de luto aos seus Martírios...
>
> Que Alma de penha quem não soluçasse

Ao ver impressa ao sangue dos açoites
A Verônica real da sua Face!

(Guimarens, 1997, p. 229)

Trata-se, como dissemos, de um soneto marcadamente lírico. Na perspectiva de nossa análise, que procura associar *SDNS* concomitantemente à forma do oratório e a uma experiência mística frustrada, esse lirismo deve ser entendido como uma experiência de verticalização no contexto da narrativa. Em outras palavras, esse poema empreende o congelamento de uma cena recortada do fluxo da narrativa para consagrá-la e vivenciá-la pela palavra poética. Trata-se de um procedimento idêntico àquele que define o gênero oratório. Após a narrativa do Evangelista, as árias se apresentam como uma forma de meditação e vivência religiosa do trecho anteriormente narrado. Esses momentos de intensificação do lirismo religioso correspondem aos momentos de maior tensão mística, uma vez que, com a poesia lírica, o poeta busca tocar o mistério que lhe transcende, para vivenciá-lo, idealmente, na plena fusão com o *Outro*. De volta ao soneto II, chama a atenção, nessa meditação sobre a crucificação do Cristo, o caráter romântico da representação do espaço do Gólgota na ocasião do ápice do martírio. A natureza se espiritualiza, ganha alma, para lamentar o sofrimento do Salvador. "O vento ulula, trêmulo de susto"; "o céu lança à terra o olhar magoado"; "o luar e o sol se convertem em sangue"; "negras noites estendem véus de luto aos seus Martírios". A Natureza em luto está espelhada na alma do poeta e em todos os elementos da natureza física. Já no soneto III, que continua a reflexão do anterior,

Densas nuvens sem luz, como flabelos,
Velando o sol, que de pesar se ofusca,
Surgem por entre os límpidos castelos,
Numa dolência desolada e fusca.

[...]

E começa o martírio dos flagelos...
A tarde faz-se parda, a noite brusca.

(Guimaraens, 1997, p. 229)

É nessa circunstância que Maria encontra o filho. Já estamos no soneto IV, quando o fluxo da narrativa é retomado e a aura de puro lirismo se dissipa. Temos, outra vez, um recitativo, que assume, nesse momento, a dupla função de narrar a chegada de Nossa Senhora ao Calvário, descrevendo com detalhes a cena que ali se configura.

O soneto V representa a primeira emersão do eu lírico, nessa "Quarta Dor". O foco, dessa forma, afasta-se da Narrativa Sagrada, ressaltando, então, por meio da reflexão metalinguística, a distância que separa o enunciador do enunciado, conforme comprovam os versos dos tercetos:

> Oh Porta celestial do Paraíso
> Ante a esperança dos teus olhos venho
> Mover-te à compaixão de que preciso.
>
> Possa eu, Poeta da morte, Alma de assombros,
> Um dia carregar o santo Lenho
> Sobre o esqueleto dos meus frágeis ombros!
>
> (Guimaraens, 1997, p. 230)

A emersão do eu lírico, preocupado com sua condição de "Poeta da morte" diante da magnanimidade da Virgem, chamada "Porta celestial do Paraíso", faz arrefecer a tensão poética, pois estabelece uma rígida divisão, de todo contrária a qualquer pretensão mística, entre o sujeito enunciador e seu objeto, a narrativa da trajetória dolorosa da Mãe do Cristo. Nesse oratório poético, os recitativos e as árias não metalinguísticas, dedicadas ao louvor dos Mistérios, correspondem aos momentos de maior tensão mística. A emersão do sujeito poético, contudo, marca, por meio dos versos metalinguísticos, a dimensão propriamente decadente da obra, quando o poeta reconhece e lamenta sua impotência, que é, ao mesmo tempo, religiosa e poética, diante das Dores de Nossa Senhora. Segundo o professor Sérgio Alves Peixoto (1999, p. 224),

> A impotência do verbo poético, legado trágico do Romantismo à poesia moderna, aparece em Alphonsus na medida em que cantar a dor divina é o mesmo que sonhar, e traduzi-la em versos é poetar palidamente, tão

distante está a obra do tema, tão aquém se encontra a humana linguagem do sofrimento divino.

A consciência plena do fracasso místico e poético, entretanto, não se deu ainda. Será preciso experimentar, antes, o contato com um dos momentos mais tensos e dolorosos da narrativa: a Morte do Cristo, que ocorrerá na "Quinta Dor". De volta à "Quarta Dor", teremos ainda um belo hino construído a partir de trechos extraídos do Magnificat. Trata-se do soneto VI, que, abordando de passagem o episódio da Anunciação, mantém a interrupção do fluxo da narrativa. Essa retrospecção ao episódio da Anunciação tem clara função lírica e retoma, de certa forma, o fervor e a ascensão mística do poema. Marcado pela presença do discurso direto, o soneto estabelece uma interlocução direta com Maria, além de ceder a voz, na terceira estrofe, a Santa Isabel:

> Feliz, bem sei, pois és quem Deus mais ama...
> "Donde me vem que a Mãe do Verbo eterno
> Me venha a mim?" Santa Isabel exclama.
>
> (Guimaraens, 1997, p. 231)

O fluxo da narrativa, interrompido após o soneto IV, não será mais retomado na "Quarta Dor". Seu poema derradeiro, o soneto VII, abre espaço, novamente, para a emersão do sujeito poético. Dessa vez, entretanto, a tonalidade da ária metalinguística é de lamento, com o receio expresso, por parte do poeta, de não estar à altura para cantar/chorar as Dores de Nossa Senhora:

> Se a Alma que aos pés vós tendes, vos parece
> Indigna de chorar as vossas Dores,
> Por não poder a fervorosa prece
> De um pecador subir a tais louvores:
>
> Se a Alma que esta Coroa astral vos tece
> Humildemente, com tão pobres flores,
> Não devera ascender a quem não desce
> De um sólio de celestes resplendores:

Se por dizer o que vos digo, e creio,
Ponho o meu triste coração aberto
Ao desamor do Imaculado Seio:

Perdoai-me o zelo fiel que me consome,
Que estes meus versos valerão por certo,
Porque neles fulgura o vosso Nome...

(Guimaraens, 1997, p. 231)

Dirigindo-se, outra vez, a Nossa Senhora, o poeta, reconhecendo as dificuldades de sua empreitada mística, admite explicitamente a possibilidade do fracasso. Como fizera na "Antífona", o poeta desenha-se, nesse último soneto da "Quarta Dor", como um ser indigno das Dores que pretende cantar. Seus versos, associados a uma "coroa com pobres flores", refletem, nesse momento, a hesitação que faz estacar a ascensão mística rumo à vivência poética do Mistério das Dores de Nossa Senhora. O pedido de perdão na última estrofe é sucedido pela certeza de que os versos valerão, senão pelo sucesso da empresa mística, ao menos pela presença do *Nome* da santa.

Interrompida na cena do Gólgota, abordada no soneto IV da "Quarta Dor", a narrativa dos passos de Maria só será retomada efetivamente no soneto IV da "Quinta Dor". A suspensão da narrativa prolonga-se, portanto, por oito sonetos, que foram dedicados ao louvor das Dores de Maria e à reflexão metalinguística. Essa longa suspensão da narrativa, interrompida bruscamente em seu fluxo na cena da crucificação, tem como efeito uma grande expectativa. Até que a cena da Cruz seja retomada, vivenciamos, junto ao poeta, momentos de fé e de dúvida. À sua frente, encontra-se o maior dos desafios: narrar e vivenciar poeticamente o ápice das Dores de Nossa Senhora, a agonia e a morte de Jesus Cristo.

Por tudo isso, a "Quinta Dor" é um capítulo marcado por uma tensão crescente. Os três primeiros sonetos expressam as súplicas do poeta que se prepara para encarar o desafio de narrar a agonia do filho de Deus. O soneto I estabelece uma interlocução direta com Jesus, a quem o poeta pede amparo e proteção. Nesse soneto, temos o anúncio da morte do Cristo, que será abordada pelo poeta a partir do soneto

IV. A iminência desse momento dramático desperta o lirismo religioso do poeta, expresso numa bela ária, ao mesmo tempo suplicante e metalinguística:

> Senhor Jesus, que sois toda a bondade,
> Muitas vezes faz frio e a mágoa é intensa
> Na minha Alma, e esta angústia que me invade
> Clama só pela vossa real Presença...
>
> Amparai-me com a vossa caridade:
> Vindo, como virá, da luz imensa
> Da vossa Mão (de toda a eternidade),
> Há de ser grande sempre a recompensa.
>
> Seja um sinal apenas de conforto,
> Um gesto simples que, tombando do Alto,
> Possa animar-me o coração já morto.
>
> Fujam de mim as tentações do Inferno:
> Que é momento de contemplar o assalto
> Contra a glória do vosso Corpo eterno.
>
> (Guimaraens, 1997, p. 232)

Mesmo se apresentando com o "coração já morto", o poeta ainda busca transcender sua condição humana para vivenciar o Mistério da santidade de Maria e de Jesus. A intenção mística está, mais uma vez, expressa nesse poema, em que o poeta clama pela "real presença" de Deus.

O soneto II estabelece uma interlocução com Maria. A santa é evocada em versos que, em contraste com o primeiro soneto, não fazem qualquer menção metalinguística. O foco recai sobre o caráter vivificante de Nossa Senhora, que aparece como a "ermida sagrada onde o poeta se exila, longe da fome, e sede, e guerra e peste."

Síntese dos poemas anteriores, o soneto III expressa a súplica do poeta agora dirigida, no plural, ao Cristo e a Maria. Mantendo sempre a tensão entre o reconhecimento de sua humanidade e a ânsia pela transcendência, o poeta, antes de contemplar o auge das Dores de Nossa Senhora, pede piedade e promete chorar também as Dores da Sagrada Família:

De mim piedade vós tereis. Bem ledes
Que espero o que jamais me será dado...
Mas a minha Alma é um templo sem paredes
Em que penetra o sol de cada lado.

[...]

Mas com que amor cheio de unção e glória
Convosco chorarei as vossas Dores
Na outra vida e na transitória...

(Guimaraens, 1997, p. 233)

Com o soneto IV, o foco retorna, finalmente, à cena do Gólgota. O recitador, dessa vez, aproxima-se de Maria, elegendo-a como interlocutora. Dessa forma, a sequência narrativa vai se desdobrando no diálogo do poeta com a santa. O primeiro verso, uma reescrita de João (19: 28), situa o foco da narrativa no momento em que Jesus pede água:[3]

Pois teve sede o vosso Filho na hora
Em que Vós, e Elas, a seus Pés vos Vistes,
Certo coroadas por suprema aurora,
Mas todas três tão pálidas, tão tristes...

O seu Olhar, cheio de dor, não chora,
Resignado ante as Dores que sentistes,
Vós, torre de marfim, santa Senhora,
Alma que em pranto astral vos diluíste!

E então secos os Lábios, a Garganta
Em fogo, é o instante de cruel martírio:
"Sede"! geme-lhe a Voz que se quebranta.

Na ponta de uma lança ergue-se a Esponja:
Mais se enlanguesce a vossa cor de lírio,
E esse perfil que predizia a monja...

(Guimaraens, 1997, p. 233)

---

3. Todo o poema se constrói a partir da narrativa de João (19: 28 – 29).

A interlocução com Maria permite ao poeta acompanhar, em paralelo, a cena do martírio na cruz e as reações da santa diante do sofrimento do filho. Essa estrutura discursiva contribui para o aumento da tensão na narrativa, pois reforça a dolorosa imagem da mãe condenada a contemplar, impotente, a agonia do filho, torturado, crucificado e abandonado à morte lenta.

Para se referir aos ladrões crucificados ao lado de Jesus, Alphonsus de Guimaraens promove, com o soneto V, uma digressão brusca na narrativa. O deslocamento, que se estabelece rumo ao passado, direciona o foco para o episódio da fuga para o Egito, que fora abordado no capítulo da "Segunda Dor". No soneto, convergem a infância e os momentos derradeiros de Jesus, o que, mais uma vez, contribui para aumentar a tensão. A digressão, embora capaz de evocar outro importante elemento do episódio do Gólgota, funciona como uma espécie de adiamento do momento derradeiro. Após a retrospecção, os versos retomam o diálogo entre Dimas, o bom ladrão, e Jesus:

> Dele se lembra Dimas, indeciso:
> – "Vós, Senhor!" e Jesus: (...Lábios sagrados!)
> – "Serás hoje comigo em Paraíso."
>
> (Guimaraens, 1997, p. 234)

O soneto VI retoma a presença do discípulo João ao pé da cruz. A cena, reconstituída a partir de João (19: 26-27), compreende as palavras que Cristo dirigiu a sua mãe e ao discípulo amado. Ao abordar essa cena, o soneto se divide. Nos quartetos, o poeta retoma a narrativa do Evangelho e o diálogo nela representado:[4]

> Junto da Cruz, em pé, Maria estava,
> E perto dela, João. Jesus, que os via,
> Para os dois entes celestiais olhava,
> Olhos saudosos de melancolia.

---

4. O trecho é mais uma comprovação da funcionalidade da comparação com o oratório. Assim como ocorre com o gênero musical, temos, em *Setenário das Dores de Nossa Senhora*, inúmeros exemplos de transformação do discurso indireto do narrador no discurso direto dos personagens.

– "Eis teu filho, Mulher." E João Chorava.
E a mesma Voz dulcíssima dizia
Ao discípulo que Jesus amava:
– "Eis tua mãe." Pouco depois, morria.

(Guimaraens, 1997, p. 234)

Os tercetos dão lugar aos comentários do poeta acerca da cena narrada. Temos, portanto, nesses seis versos, uma ária, dedicada à figura do discípulo João:

Sobre-humanas delícias nunca vistas
Vieram, brancas, beijar a Alma tão pura
Do mais suave dos Quatro Evangelistas.[5]

Meigo S. João! fado de glórias pôs-te
A mão de Deus: que é a maior ventura
Ser amado de Cristo como foste.

(Guimaraens, 1997, p. 235)

O oitavo verso do soneto VI constitui a única referência direta à morte do Cristo feita na "Quinta Dor". O fato será retomado apenas retrospectivamente, no contexto dos capítulos finais do *Setenário*. Como não poderia ser diferente, o momento de maior tensão da obra se expressa num poema dedicado à reflexão acerca da experiência dolorosa de Maria diante do martírio de Jesus. O soneto VII cumpre essa função. Tomando mais uma vez Maria como interlocutora, o poeta reflete sobre o auge das Dores da santa e se aproxima, como em nenhum outro soneto, da vivência poética das Dores do Cristo e de Nossa Senhora.

Vê-Lo não vos bastava, doce Dama,
Longe dos vossos maternais carinhos;
Sentir que a plebe vil, que ruge e clama,
Viesse em fúria assaltá-Lo nos caminhos:

---

5. Conforme dissemos anteriormente, por conter elementos narrativos, os versos do primeiro terceto podem ser associados a um *arioso*, que, no contexto do oratório musical, caracteriza um gênero discursivo a meio caminho do recitativo e da ária.

Escarros que tombavam como lama
Sobre Quem é mais alvo que os arminhos:
E a Fronte real, em radiações de flama,
Cingida pelas pontas dos Espinhos:

Açoites, bofetadas, Cravos, Chagas,
E a Esponja, e a Lança, e o Fel, e a Sede estranha,
E o Sangue santo que corria em bagas:

Tudo era pouco para as vossas Dores...
Que ainda havíeis de vê-Lo na Montanha,
Expirando entre dois salteadores!

(Guimaraens, 1997, p. 235)

Esse soneto pode ser considerado o mais importante do capítulo, pois é a partir dele que o poeta-celebrante mergulha de vez, como dissemos, nas Dores de Maria, afastando-se do lamento e da metalinguagem para se aproximar dos fatos, buscando tocá-los do modo mais substancial possível. O sofrimento de Jesus crucificado é destacado, como veremos, por meio de contrastes metafóricos e da exploração do ritmo dos versos. Aqui, fica claro como os elementos poéticos, com suas especificidades, realiza a mesma função que a música desempenha nos oratórios: potencializar os efeitos do texto bíblico, proporcionando, assim, uma experiência religiosa da narrativa-celebração.

Cristo está morto. O poeta se dirige a Maria a fim de recordar os sentimentos da Mãe de Jesus no Gólgota. O poema ressalta a pureza do Cristo, que aparece em explícito contraste com a vileza dos soldados e da turba. Esse contraste é resultado de uma seleção poética dos vocábulos empregados, o que interessa é o poder da palavra de evocar determinada ideia ou sensação: "Escarros que tombavam como lama / Sobre Quem é mais alvo que os arminhos". O contraste entre a pureza ("alvura") do Cristo e a vileza ("escarro"/"lama") dos agressores não é explicitado por meio de uma linguagem direta, ele é evocado, sugerido pelas palavras escolhidas pelo poeta para compor a cena – uma prática poética bastante típica do Simbolismo. Mais um exemplo de poeticidade é a exploração do extrato fônico do texto. Vejamos como se compõe o primeiro terceto do soneto:

> Açoites, bofetadas, Cravos, Chagas,
>
> E a Esponja, e a Lança, e o Fel, e a Sede estranha,
> E o sangue santo que corria em bagas.
>
> (Guimaraens, 1997, p. 235)

Essa estrofe é capaz de reproduzir, a partir de seu ritmo e de sua sintaxe, a caminhada de Jesus pela Via-Crúcis e sua posterior crucificação. A sucessão de palavras sem conjunção coordenativa – chamada assíndeto – (Verso 1), bem como a repetição sistemática da conjunção "e" – ou polissíndeto – e do artigo definido (verso 2), são capazes de representar a insistência, a repetição e a duração das Dores de Cristo ao longo de toda sua Paixão. A disposição dos acentos no segundo verso também tem papel de suma importância no processo de significação do poema. Temos um verso acentuado em todas as sílabas pares, originando uma estrutura rítmica de alternância binária, na qual se revezam tempo forte e tempo fraco, caracterizando um pentâmetro jâmbico:

> E a Es**pon**ja, e a **Lan**ça, e o **Fel**, e a **Se**de es**tra**nha,

Essa construção rítmica também é capaz de reproduzir os passos do Cristo – a sequência de sofrimentos aos quais ele esteve submetido – e, acima de tudo, conforme nossa leitura, é capaz de reproduzir o ritmo dos açoites que o acompanharam em sua caminhada rumo ao Gólgota. Para o poeta, não basta apenas recordar os sofrimentos do Cristo fazendo uso da linguagem referencial, é preciso torná-los presentes, concretos, é preciso reproduzi-los através da materialidade da linguagem. Não basta apenas dizer que o Messias fora açoitado, é necessário dramatizar linguisticamente, por meio do ritmo do verso e da sintaxe, a insistência e a intensidade das chicotadas. É exatamente a essa busca que corresponde a dimensão mística de *Setenário das Dores de Nossa Senhora*.

O ritmo desse segundo verso acaba por estabelecer uma relação metafórica entre os açoites e os episódios, metonimicamente evocados, da "Esponja", da "Lança", do "Fel" e da "Sede". Ao se referir a esses episódios, fazendo uso do ritmo binário descrito anteriormente, o poema estabelece uma analogia entre eles e os açoites, evocados por imitação sonora. Por fim, tem-se uma espécie de síntese do sofrimento do Cristo, representado em sua plenitude por meio dos recursos poéticos empregados. Nesse caso, o estrato fônico do poema assume importância cabal. A exploração dos recursos sonoros, no verso em questão, é responsável pelo aumento considerável da tensão poética, além de contribuir para a sensível aproximação das dimensões do significante e do significado. Por tudo isso, esse verso constitui o ápice da experiência místico-poética da empreitada de Alphonsus de Guimaraens. Nesse verso, linguagem e matéria narrada se aproximam, proporcionando ao poeta, que praticamente se apaga enquanto sujeito distanciado dos eventos abordados, uma experiência de comunhão semelhante àquela almejada pelos místicos. Como ponto mais alto do quinto capítulo e, em última instância, de toda a obra, esse verso marca o momento em que a linguagem mais se deixa afetar pela realidade representada.

Conforme tentamos demonstrar, *SDNS* assemelha-se a formas tradicionais da liturgia. Comparando-o ao oratório musical, que também é devedor da mesma tradição litúrgica, podemos observar diversas semelhanças estruturais que nos ajudam a compreender o sentido da obra. A voz enunciadora ora produz um lamento distanciado da matéria narrada, especialmente nos momentos metalinguísticos, permitindo-se diferenciar plenamente enquanto sujeito, ora observa e vivencia de perto o sofrimento de Maria e do Cristo, quando a narrativa ganha feições místicas. Nesses momentos, observa-se na linguagem o esforço em busca da expressão perfeita, em busca da vivência poética do martírio de Nossa Senhora. É possível dizer que, na busca pela essência da experiência de Maria, a linguagem poética se adequa, molda-se, deixa-se afetar pela realidade, numa espécie de comunhão com a matéria narrada. Os recursos propriamente poéticos empregados na narrativa são os responsáveis por essa abertura da linguagem à realidade. Como ocorre com a música no oratório, os recursos poéticos são uma tentativa de potencializar o sentido das palavras e aproximar a narrativa da máxima realidade da coisa narrada, coincidindo com a grande preocupação da poesia simbolista, que é dar conta, a partir da linguagem, daquilo que é transcendente, indizível, inefável.

Os capítulos sexto e sétimo assistirão ao arrefecimento do impulso lírico. A consciência da inefabilidade das Dores de Nossa Senhora proporcionará a ocorrência, novamente, de trechos metalinguísticos, que praticamente não apareceram na "Quinta Dor". Serão abordados, ainda, os episódios da descida da cruz e do sepultamento de Jesus. A tensão cede espaço ao luto, e uma nova emersão do sujeito poético trará novamente à tona o sentimento de melancolia, resultado da frustração do poeta, condenado, por sua condição humana, ao cárcere da imanência. Passemos, então, à curva inferior dessa parábola de que se constitui, em seu duplo movimento de ascensão e queda, o oratório poético de Alphonsus de Guimaraens.

CAPÍTULO III
Metalinguagem e melancolia em
Setenário das Dores de Nossa Senhora

Cristo está morto. A "Sexta Dor" focalizará o episódio da descida da cruz, e a "Sétima", o do sepultamento, sem o fervor que marca os capítulos mais tensos do *Setenário das Dores de Nossa Senhora*. Os versos desses poemas finais se tingem, inicialmente, de luto. Por fim, são capazes de ressaltar o caráter melancólico que perpassa toda a obra. A frustração do eu lírico, que lamenta sua condição humana, vem, mais uma vez, à tona. Após o ápice da tensão mística, vivenciada pelo poeta nos versos dos dois capítulos anteriores, o universo aparece esvaziado, marcado por uma ausência essencial. Após a ascensão mística, o poeta experimenta em seus versos a queda, o arrefecimento.

Os três primeiros sonetos da "Sexta Dor" são dedicados à louvação de Nossa Senhora. Neles, entretanto, percebemos claramente a voz do poeta, distanciado de seu objeto de culto. O contraste entre a santidade de Maria e a infimidade humana do poeta é, outra vez, ratificado. No primeiro soneto, ouvimos o poeta se definir como "o Poeta miserando". No terceiro, o poeta reafirma sua incapacidade poética diante da magnitude de Nossa Senhora:

> Ela é o asilo da mendicidade:
> Ei-los que vêm, os míseros pedintes...
> (Musa, não lhe dirás a suavidade,
> Por mais suaves as cores com que a pintes!)

(Guimaraens, 1997, p. 237)

Após reafirmar sua incapacidade poética, marcando sua distinção ontológica em relação à santa, numa atitude antimística,[1] o poeta renova sua intenção mística, noutra súplica à Mãe do Cristo:

> Reza por mim, Senhora! Ah quem me dera
> Sentir no peito, agora, a mesma Espada
> Aguda e funda que te dilacera...

(Guimaraens, 1997, p. 237)

Afirma-se, desse modo, nos versos anteriores, uma das principais características do *SDNS*: seu caráter ambivalente. Nessa obra, conforme estamos tentando demonstrar, convivem dois sentimentos contraditórios. Por um lado, observamos a ânsia do eu lírico em presentificar as Dores de Nossa Senhora, numa tentativa de vivenciá-las poeticamente. Por outro lado, percebemos, em toda a obra, as marcas do fracasso poético. Como quem perde o fôlego num mergulho, o poeta se vê, a todo momento, obrigado a interromper sua experiência mística, para lamentar a insuficiência de sua poesia diante das Dores inefáveis de Nossa Senhora. Esse embate entre o impulso místico e a autoconsciência do poeta funciona, segundo nossa leitura, como o centro irradiador da obra. Com efeito, os momentos metalinguísticos, ou seja, aqueles que tematizam o código ou o próprio fazer poético, estão disseminados por toda a obra e, portanto, convivem com os momentos mais tensos da subida mística do poeta. Em praticamente todas as partes da obra, podemos identificar elementos metalinguísticos. É interessante observar, entretanto, que os momentos metalinguísticos se concentram, em sua maioria, no início e no fim da narrativa, estando praticamente ausentes[2] dos capítulos que marcam o ápice místico da obra. Na "Quinta Dor", por exemplo, assistimos à emersão do eu lírico nos sonetos iniciais,

---

[1]. O termo antimístico se justifica, evidentemente, em relação ao conceito de mística com o qual trabalhamos aqui, qual seja, uma experiência marcada pela dissolução dos limites entre sujeito e objeto, que, em poesia, corresponde ao esmaecimento da presença do eu lírico em proveito de uma linguagem que se deixa afetar concretamente pelo objeto.

[2]. Exceção feita a alguns versos do soneto V e ao soneto VII da "Quarta Dor", que apresentam, explicitamente, elementos metalinguísticos.

porém não identificamos qualquer reflexão de cunho metalinguístico em seus versos. Embora o poeta se refira à narrativa da morte do Cristo, demonstrando ter consciência de sua condição de narrador, não se repete, na "Quinta Dor", a reflexão acerca da linguagem e do fazer poéticos que aparece em todos os capítulos da obra.

Na "Sexta Dor", ao contrário, assistimos não só à emersão do sujeito poético, mas também à tematização, de cunho metalinguístico, da linguagem poética. Nesse quesito, o soneto VII se destaca como um dos mais significativos de toda a obra, podendo ser tomado como referência para uma reflexão sobre a presença da metalinguagem no *SDNS*:

> Eu sei cantar o sofrimento: basta,
> Para cantá-lo bem, já ter sofrido...
> Pois a musa que pelo chão se arrasta
> Sobe às vezes ao Céu como um balido.
>
> Mas canto a sempre-humana dor. A vasta
> Dolência angelical, o almo gemido
> Que vem pungir-vos a Alma pura e casta,
> Oh! Não... Que para tal não fui nascido.
>
> Nem pretendo, Senhora, (fora um sonho)
> Dizer toda a agonia que sofrestes
> Nos versos que ante vós, humilde, ponho.
>
> Por mais nobre que seja, é sempre tosco,
> Tem sempre versos pálidos como estes
> O Poeta que quiser chorar convosco.
>
> (Guimaraens, 1997, p. 239)

Nesse poema, reaparece uma dicotomia presente em toda a obra. A "sempre-humana dor" não se iguala à "Dolência angelical" de Maria. Mais uma vez, o homem é representado em sua intimidade, em sua condição de inferioridade diante da santa. Como dissemos nos capítulos anteriores, essa reflexão de cunho ontológico, que visa a diferenciar a condição humana daquela que define a essência do Cristo e de Maria, aparece sempre associada a uma reflexão acerca da linguagem.

Em outras palavras, a condição humana é marcada pela insuficiência da linguagem diante do inefável e, portanto, pela impossibilidade de transcendência, e é nesse sentido que o poeta assume, nos tercetos do poema em questão, o fracasso de sua pretensão poética. Toda a agonia sofrida pela Mãe do Cristo é inefável e, por isso, para o poeta, a busca pela vivência poética das Dores de Nossa Senhora não passou de "um sonho". Esses versos metalinguísticos apresentam, ainda, uma imagem da própria poesia, que, "por mais nobre que seja", estará sempre aquém do Mistério, aquém do Absoluto.

Na esteira dessas ideias, identifica-se outro procedimento bastante comum no *SDNS*: a autodepreciação do poeta. Ao longo de toda a narrativa, deparamo-nos com uma imagem degradada e mundana do eu lírico, que, diante de Deus, mostra-se sempre inferiorizado e fracassado. Essa imagem corrobora com aquela associação entre o poeta e o homem, discutida anteriormente. Decaído e condenado à imanência, o homem define-se por sua dupla condição de sonhador encarcerado. Também o poeta decadente experimentará esse martírio.[3] Oprimido entre o desejo de fusão mística e os limites da própria linguagem, ao poeta restará lamentar a queda, a perda, a ausência eterna de um objeto amado, bem ao gosto da poesia decadentista. A questão da metalinguagem e do procedimento de autodepreciação do poeta na obra de Alphonsus de Guimaraens foi dessa forma comentada pelo professor Sérgio Peixoto, que, neste trecho, analisa o soneto VII, da "Sexta Dor", transcrito antes:

> Em meio ao cabalisticamente arquitetado plano de poetizar as sete dores de Nossa Senhora em sete sonetos cada uma, poemas de cunho metalingüísticos, como este, se destacam. Na verdade, praticamente ao final de cada grupo de sete poemas há um que tematiza o fazer poético. Mas este tem grande importância porque retoma, com a poesia, a sempiterna dor humana como tema decadente por excelência. O recurso da modéstia afetada, que Alphonsus utiliza, perde inteiramente seu caráter mecânico

---

3. Num de seus sonetos mais conhecidos, Cruz e Sousa (1995, p. 188) foi capaz de representar com perfeição essa condição dual do Homem, que também é a do poeta decadente. Na primeira estrofe de "Cárcere das almas", lê-se: "Ah! Toda a alma num cárcere anda presa,/Soluçando nas trevas, entre as grades/Do calabouço olhando imensidades,/Mares, estrelas, tardes, natureza."

e artificial, porque o poeta soube envolvê-lo na melodia serena do verso e no clima místico-religioso que conseguiu tão bem captar, ao pôr em contraste a condição submissa do homem em face do divino, e a do poeta em face de sua linguagem. A alma humana não se compara à da "Mater Dolorosa", assim como o sofrimento do homem (e o verso do poeta) não chegam aos pés da Grande Dor da Mãe de Cristo. (Peixoto, 1999, p. 224)

Na linha desse raciocínio, voltamos a identificar, na obra de Alphonsus de Guimaraens, aquela experiência de cisão com o Absoluto, sobre a qual falamos na primeira parte desta obra. Esse abismo que se abre entre a poesia e o objeto, aqui associado ao Absoluto e ao Mistério cristão, pode ser entendido, também, como um legado cultural do século XIX e do Romantismo. O poder de nomear e de se integrar ao universo não mais pertence ao poeta, que, então, torna-se marginal, decadente e maldito. "A poesia já não coincide com o rito e as palavras sagradas que abriam o mundo ao homem e o homem a si mesmo" (Bosi, 2000, p. 164). No século XIX,

> furtou-se à vontade mitopoética aquele poder originário de nomear, de *com-preender* a natureza e os homens, poder de suplência e de união. As almas e os objetos foram assumidos e guiados, no agir cotidiano, pelos mecanismos do interesse, da produtividade; e o seu valor foi se medindo quase automaticamente pela posição que ocupam na hierarquia de classe ou de status. Os tempos foram ficando – como já deplorava Leopardi – egoístas e abstratos. (Bosi, 2000, p. 164)

Para Alfredo Bosi, esse ostracismo a que foram condenados o poeta e a própria poesia no mundo moderno está na base do autocentramento que caracteriza a lírica moderna. Nesse sentido, explica-se historicamente a marcante presença da metalinguagem na literatura do período. "A poesia moderna foi compelida à estranheza e ao silêncio. Pior, foi condenada a tirar só de si a substância vital. Ó indigência extrema, canto ao avesso, metalinguagem!" (Bosi, 2000, p. 165). Na sequência desse processo, desenvolve-se o poema crítico, que, contendo sua própria negação, afirma-se como busca eterna diante do caráter inapreensível do Absoluto. Num de seus ensaios mais potentes, Octávio

Paz (2003, p. 111), que dedicou diversos trabalhos à reflexão sobre a poesia moderna, esclarece:

> Poema crítico: se não me engano, a união destas duas palavras contraditórias quer dizer: aquele poema que contém sua própria negação e que faz dessa negação o ponto de partida do canto, a igual distância da afirmação e da negação. A poesia, concebida por Mallarmé como a única possibilidade de identificação da linguagem com o absoluto, nega-se a si mesma cada vez que se realiza em poema (nenhum ato, inclusive um ato puro e hipotético: sem autor, tempo ou espaço, abolirá o acaso) – salvo se o poema é simultaneamente crítica dessa tentativa.

A dimensão metalinguística da obra de Alphonsus de Guimaraens pode ser entendida à luz desse contexto literário. Os poemas metalinguísticos de *SDNS* funcionam como uma espécie de agente crítico (Freud, 1974) cindindo a voz poética, que passa a ter a si mesma como objeto de crítica, e interrompendo a ascensão mística em direção ao Absoluto. Nesse processo, a questão da insuficiência da linguagem poética vem à tona como foco principal da obra, e o poeta, que, então, emerge de sua empreitada mística, torna-se tema de seu próprio canto. Esse não é um fato isolado na história da literatura. Ao contrário, é fruto de paulatinas transformações, desde o surgimento da poesia cristã, passando por Dante, o introdutor do eu na poesia ocidental (Paz, 1993), até o advento do poema romântico, que "teve como tema o próprio canto ou o seu cantor: poema da poesia ou poema do poeta" (Paz, 1993, p. 28).

A intervenção do agente crítico, que acaba por enfocar o poema e o próprio poeta como temas da poesia, ocorre, na poesia de Alphonsus de Guimaraens, de uma maneira peculiar. Podemos dizer que ela funciona como um elemento atravancador da energia mística, desencadeando um sentimento de frustração e paralisia que pode ser associado à experiência melancólica, sobre a qual falaremos adiante. Seja como for, a ocorrência, na mesma obra, dessas duas experiências – a energia ascensional da empreitada mística e o seu arrefecimento, graças à emersão de um agente crítico autodepreciador – pode ser tomada como um elemento diferenciador da poética de Alphonsus de Guimaraens no contexto do Simbolismo brasileiro. Para comprovar essa afirmação, é o bastante recorrer ao caso Cruz e Sousa. Na obra do poeta catarinense, é fácil encontrar poemas que tematizam a insuficiência da linguagem. No entanto, geralmente, esse tema é abordado isoladamente em poemas dedicados especialmente a ele. Ao contrário do que ocorre em Alphonsus de Guimaraens, os poemas místicos de Cruz e Sousa nunca se negam, senão pelo seu próprio esgotamento. Uma das principais características de sua linguagem poética está diretamente associada a essa busca incessante pelo Absoluto. Trata-se do procedimento reiterativo, que se explica pela "desenfreada enumeração dos adjetivos, presentes em quase todos os poemas" (Teixeira, 2001, p. 16) dos *Broquéis*. As extraordinárias sequências de adjetivos nos versos do poeta catarinense atestam, ao mesmo tempo, a manutenção da energia mística até o desvelamento de sua insuficiência. Em Cruz e Sousa, a energia mística fracassa pelo seu esgotamento.[4] Já em Alphonsus de Guimaraens, ao contrário, a energia mística é atravancada pelo agente crítico, antes mesmo de se extenuar pela insistência. Em sua poesia, e especialmente em *SDNS*, a consciência do inacessível se expressa textualmente e é capaz de absorver quase toda a energia essencial à experiência mística.

Graças à sua arquitetura discursiva, analisada no capítulo anterior, *SDNS* é capaz de representar a experiência poético-existencial típica do Simbolismo: o embate entre o desejo de tocar o Inefável e o reconhecimento dos limites da linguagem. Além disso, é capaz também de anunciar, lembrando que se trata da primeira obra publicada por Alphonsus de Guimaraens, os principais elementos da poética do autor. A maneira como a questão fundamental do Simbolismo é representada

---

[4]. Esse fato pode ser observado em suas diversas etapas no poema "Regina Coeli", de *Broquéis*. O *procedimento reiterativo*, que caracteriza a primeira parte desse poema, denuncia a impossibilidade da *expressão*. Os adjetivos e epítetos que se substituem – "branca", "Estrela dos altares", "Rosa pulcra dos Rosais polares", "Branca, do alvor das âmbulas sagradas" – não *dizem* nada sobre a Virgem, mas são, em si mesmos, a vivência poética de Sua inefabilidade. Por mais que a imagem da "Virgem branca" possa sugerir, de imediato, pureza e santidade, a ânsia por mergulhar na exacerbação de Sua brancura faz o poema transcender a mera adjetivação e se aproximar da prece, do transe religioso.

nesse "oratório poético" aponta, de modo consciente, para uma das principais marcas da obra do poeta mineiro: o seu caráter melancólico.

Toda a poesia de Alphonsus de Guimaraens será contaminada pelo estado de melancolia que decorre da experiência poético-existencial encenada em *SDNS*. As sensações de perda, frustração e desconsolo metafísico, que levam o poeta a se lamentar, pintando-se como um ser deslocado e incapaz diante do que é inefável; o autoenvilecimento do poeta, que decorre da experiência metalinguística da autocrítica, tão frequente na poesia alphonsina; além da experiência da perda irreversível, que marca a poesia decadentista, constituem, de fato, alguns dos traços distintivos dessa experiência melancólica. Em *Luto e melancolia*,[5] publicado em 1917, Sigmund Freud se dedicou a refletir, a partir do cotejo com a experiência do luto, sobre os principais elementos que compõem a melancolia, analisada por ele como uma provável disposição patológica. Segundo Freud (1974, p. 276),

> Os traços mentais distintivos da melancolia são um desânimo profundamente penoso, a cessação de interesse pelo mundo externo, a perda da capacidade de amar, a inibição de toda e qualquer atividade, e a diminuição dos sentimentos de auto-estima a ponto de encontrar expressão em auto-recriminação e auto-envilecimento, culminando numa expectativa delirante de punição.

Essa tendência à autodepreciação constitui, para Freud, "a característica mais marcante" do quadro clínico da melancolia. Esse procedimento pode ser melhor compreendido, quando entendemos que,

---

5. O interesse de Freud pelo estado melancólico restringe-se à observação clínica. Conforme destacou Susana Kampff Lages (2002, p. 58), em seu livro *Walter Benjamin: Tradução e Melancolia*, "o clássico ensaio de Freud, publicado em 1917, (...) não faz nenhuma referência, nem à tradição médica anterior, nem à forte tradição pictórica e literária que tematizou inúmeras vezes o assunto". Dessa forma, a aplicação das observações freudianas sobre a melancolia à leitura de um texto literário se dá por analogia. Sendo assim, buscamos identificar, na realidade literária da obra de Alphonsus, aspectos que se assemelham a dados do fenômeno psíquico anotados por Freud. Por tudo isso, nossa associação entre a obra de Alphonsus de Guimaraens e o estado melancólico deverá considerar outros momentos da história da representação e da reflexão sobre a melancolia, antes e depois da psicanálise.

para Freud, a melancolia está associada a uma experiência de perda, mantendo, assim, algumas semelhanças com o luto. Entretanto, ao contrário do que ocorre com o luto, que é passageiro e permite que a pessoa redirecione sua energia amorosa para outro objeto, a melancolia é um distúrbio que impede esse redirecionamento, proporcionando a manutenção do sentimento de perda por mais tempo que o natural. Outra característica peculiar à melancolia consiste no caráter enigmático do objeto perdido. O paciente lamenta uma ausência, sofre com uma perda, mas não pode identificá-la com clareza.

> No luto, verificamos que a inibição e a perda de interesse são plenamente explicadas pelo trabalho do luto no qual o ego é absorvido. Na melancolia, a perda desconhecida resultará num trabalho semelhante, e será, portanto, responsável pela inibição melancólica. A diferença consiste em que a inibição do melancólico nos parece enigmática porque não podemos ver o que é que o está absorvendo tão completamente. O melancólico exibe ainda uma outra coisa que está ausente no luto – uma diminuição extraordinária de sua auto-estima, um empobrecimento de seu ego em grande escala. No luto, é o mundo que se torna pobre e vazio; na melancolia, é o próprio ego. (Freud, 1974, p. 278)

Cotejando os traços distintivos do quadro clínico da melancolia, identificados por Freud, com os elementos que identificamos na obra de Alphonsus de Guimaraens, observamos algumas semelhanças. Em sua poesia, verificamos o frequente arrefecimento da energia mística diante do fracasso da empreitada religiosa do poeta. É importante lembrar que, ao contrário do que ocorre, por exemplo, na poesia de Cruz e Sousa, esse fracasso não se dá com a extenuação, mas com o atravancamento da força poética. Esse atravancamento, acreditamos, pode ser associado à inibição melancólica. Além desta, outra marca identificada por Freud no estado melancólico se faz presente no poeta alphonsino: a autodepreciação. Como vimos, diante do fracasso místico e da irreversibilidade da perda objetal, uma vez que o Mistério mantém-se inapreensível (inefável), o eu lírico experimenta aquela sensação de esvaziamento que desencadeia o processo de autoenvilecimento, que se expressa tantas vezes ao longo do *SDNS*. A tonalidade melancólica pode ser identificada a partir do contraste com os momentos mais fervorosos da obra. Conforme vimos anteriormente, o oratório poético de Alphonsus de Guimaraens se desenha numa espécie de oscilação entre os momentos de abordagem fervorosa, muitas vezes marcadamente místicos, da história de Maria, e os momentos de arrefecimento dessa emoção religiosa, quando ocorre a emersão plena do sujeito poético. Nesses momentos, o poeta quase sempre lamenta sua condição humana, que, como vimos, associa-se, no contexto poético, à insuficiência da linguagem.

A questão nos leva a propor uma associação entre as reflexões metalinguísticas do poeta em *SDNS* e o conceito de melancolia delineado por Freud. Para isso, precisamos compreender outro traço caracterizador da melancolia: a regressão da libido ao ego. A fim de explicar por que, no quadro clínico da melancolia, a insatisfação com o ego constitui a característica mais marcante, Freud direciona sua atenção para os elementos narcisistas do melancólico. Freud percebe, então, que "as auto-recriminações [do melancólico] são recriminações feitas a um objeto amado, que foram deslocadas desse objeto para o ego do próprio paciente" (Freud, 1974, p. 280). Isso explica o surgimento daquilo que Freud chama de agente crítico, que consiste na subdivisão do ego responsável pela autodepreciação. Dessa forma, no melancólico, "uma parte do ego se coloca contra a outra, julga-a criticamente, e, por assim dizer, toma-a como seu objeto" (Freud, 1974, p. 280). A nosso ver, também essa característica da melancolia identificada na análise freudiana pode ser associada a um procedimento poético presente em *SDNS*. Ora, nos momentos metalinguísticos da obra, assistimos exatamente à regressão da energia, antes voltada para a empreitada mística da narrativa das Dores de Maria, para o próprio eu lírico, que, então, reflete e lamenta sua incapacidade de cantar/vivenciar o Mistério.

O estudo de Freud sobre a melancolia é apenas um episódio da enorme gama de estudos dedicados ao tema ao longo da história. Em seu livro *Estâncias: a palavra e o fantasma na cultura ocidental*, o filósofo italiano Giorgio Agamben analisa alguns desses estudos, começando pelas reflexões da psicologia medieval sobre a acídia. Preocupados com o mal que assolava a vida espiritual dos religiosos, os Padres da Igreja medieval dedicam-se a compreender o estado de abatimento, conhecido como acídia, que muitas vezes contaminava os religiosos das mais diversas ordens. Um dos principais efeitos desse mal é a retração dos religiosos frente às possibilidades espirituais. Essa retração, no entanto, não representa o fim do desejo, mas a fixação mental do objeto desejado como um objeto inatingível. Segundo Agamben (2001, p. 29),

> O fato do acidioso retrair-se diante do seu fim divino não equivale, realmente, a que ele consiga esquecê-lo ou que deixe de o desejar. Se, em termos teológicos, o que deixa de alcançar não é a salvação, e sim o *caminho* que leva à mesma, em termos psicológicos, a retração do acidioso não delata um eclipse do desejo, mas sim o fato de tornar-se inatingível o seu objeto: *trata-se da perversão de uma vontade que quer o objeto, mas não quer o caminho que a ele conduz e ao mesmo tempo deseja e obstrui a estrada ao próprio desejo.*

O problema fundamental do acidioso, conforme demonstra a análise de Agamben, relaciona-se com o *caminho*, e não com a *finalidade* de seu desejo. O problema está no canal e não no objeto a que se quer atingir. Nesse sentido, uma analogia com o dilema simbolista da inefabilidade do Mistério é perfeitamente possível. Como mostram os poemas metalinguísticos de *SDNS*, o abismo que separa o homem de Deus se explica pela insuficiência da linguagem humana, que não constitui um *caminho* eficaz rumo ao objeto. A despeito da inefabilidade das Dores de Maria, reconhecida desde o início da narrativa, o desejo de ascensão mística e, principalmente, de louvação de Nossa Senhora não cessa. Assim como ocorre com o melancólico, segundo as reflexões patrísticas, o desejo do poeta não é eclipsado pela imagem do objeto inatingível, e aqui reside um elemento melancólico central em *SDNS*: o embate entre o desejo místico e o caráter inapreensível do objeto desejado. Trata-se de uma situação que parece aproximar as experiências religiosas de Alphonsus de Guimaraens e do acidioso. De acordo com Agamben (2001, p. 30),

> Preso à escandalosa contemplação de uma meta que se manifesta a ele no próprio ato em que é vedada e que é tanto mais obsessiva quanto mais se torna inatingível para ele, o acidioso encontra-se em uma situação

paradoxal: assim como acontece no aforismo de Kafka, "existe um ponto de chegada, mas nenhum caminho", e da qual não há escapatória, porque não se pode fugir daquilo que nem sequer se pode alcançar.

Esse paradoxo constitui, como dissemos anteriormente, o centro irradiador do *SDNS* e, conforme acreditamos, da poética de Alphonsus de Guimaraens como um todo. A este último ponto retornaremos no decorrer deste capítulo.

As reflexões de Agamben, à medida que vão mapeando os principais estudos acerca do caráter melancólico ao longo da história, são capazes de identificar elementos recorrentes nas diversas caracterizações da melancolia feitas até hoje. Após discutir as contribuições da patrística, na Idade Média, e antes de se dedicar à análise do ensaio de Freud, Agamben comenta a teoria da medicina humoral e a associação, estabelecida por uma tradição antiga, entre o humor melancólico e o exercício da poesia, da filosofia e das artes. Se, por um lado, a medicina humoral apresenta o temperamento melancólico associando-o à tristeza, à inveja, à maldade, à avidez, à fraudulência e à temeridade, por outro lado, uma antiga tradição, que teria partido das reflexões de Aristóteles, está na base da associação entre a melancolia e o fazer artístico. A partir das reflexões do filósofo grego, que chega a citar uma pequena lista de ilustres melancólicos, Agamben (2001, p. 35 – nota 17) se propõe a enxergar na era cristã três idades da melancolia:

> Após um primeiro reaparecimento entre os poetas de amor do século XIII, o grande retorno da melancolia inicia-se a partir do Humanismo. Entre os artistas, são exemplares os casos de Miguel Ângelo, Dürer, Pontorno. Uma segunda epidemia acontece na Inglaterra elisabetiana: exemplar é o caso de J. Donne. A terceira idade da melancolia acontece no século XIX. Entre as vítimas aparecem Baudelaire, Nerval, De Quincey, Coleridge, Strindberg, Huysmans. Em todas as três épocas, a melancolia, com uma polarização audaz, foi interpretada como algo ao mesmo tempo positivo e negativo.

A referência a Baudelaire e a outros nomes do Decadentismo, como Nerval e Huysmans, coloca em destaque o caráter melancólico de todo o movimento, ao qual também se filiou Alphonsus de Guimaraens. Críticos do movimento são unânimes em destacá-lo. Para José Carlos Seabra Pereira, "o que parece caracterizar primariamente o Decadentismo é um estado de sensibilidade. Este é, em simultâneo, o próprio do homem finissecular desgastado de si mesmo e de uma civilização em crise aberta" (Pereira, 1975, p. 20). Críticos da poesia de Alphonsus de Guimaraens também reconhecem essa sensibilidade desgastada na obra do poeta mineiro, associando-a diretamente ao estado de melancolia. Para Emílio Moura (*apud* Muricy, 1987, p. 450),

> De todos os simbolistas, foi, pois, Alphonsus, como já acentuamos, justamente o que mais de perto refletiu o estado de espírito que foi o dos decadentes, e que fixava exatamente tudo aquilo que iria marcar de modo característico a obra do poeta ouro-pretano: o desgosto pela ação, o esplim, a melancolia; junte-se a isso o pessimismo, sempre exacerbado, e certo ar a um só tempo de cansaço intelectual e de pendor místico – e temos aí o que está bem refletido na obra de Alphonsus de Guimaraens e o que caracterizou a poesia dos principais líricos franceses da fase propriamente decadente.

Mais que uma opção estética, a presença da melancolia na arte decadentista é fruto de uma experiência existencial e literária. Trata-se de uma presença que deve ser entendida em função da condição do poeta na segunda metade do século XIX, condição à qual o Movimento Simbolista se liga indissociavelmente. Essa experiência está reproduzida, conforme acreditamos, na arquitetura poética do *SDNS*. A ambivalência dessa obra, representada pelo comportamento da voz poética diante de seu objeto de culto, deve ser entendida como uma espécie de radiografia do processo que fundamenta a visão de mundo inerente à poesia do período simbolista. A manutenção do desejo e as iniciativas de cunho místico, por um lado, associadas à constatação da inefabilidade do mistério e da insuficiência da linguagem, por outro, são capazes de demonstrar o que está por trás da condição do poeta simbolista, que busca fervorosamente alcançar algo que ele próprio reconhece inalcançável.⁶ Ao associar essa experiência de anseio místico ao reconhecimento, expresso metalinguisticamente, da insuficiência da linguagem poética, *SDNS* é capaz de dar forma literária a uma reflexão universal acerca da poesia. Nesse sentido, justificam-se, segundo nossa leitura, aquelas afirmações de Francine Ricieri, que, em sua já comentada tese de doutorado, escreveu:

> O *Setenário* – mais que um livro "de horas" – abriga em seu aparente confessionalismo anacrônico uma intelecção do poético que remete diretamente a concepções que começam a ser concretizadas em obras poéticas como a de Charles Baudelaire e escritores afins. O problema não pode ser totalmente examinado aqui, mas a organização do livro (concebido não enquanto recolha de textos, mas enquanto uma conjunção significante de poemas) impõe-se à reflexão ainda que desconsideremos cartas e declarações do autor que corroborariam aquele "parentesco" intelectual. A complexidade da organização suplanta em muito evidências primárias (como a divisão dos 49 poemas em sete grupos de "Dores" ou referências intertextuais estrategicamente inseridas aqui e ali) e – em escala menor – faz-se sentir também em *Câmara ardente*. (Ricieri, 2001, p. 36)

Nesse trecho de sua tese, Ricieri aponta para uma questão que, para nosso trabalho, também é fundamental: as implicações poéticas da arquitetura do *SDNS*. Tentamos evidenciar essa questão ao cotejar a estrutura discursiva da obra com a forma do oratório musical. Nesse

---

6. Ao longo deste livro, referimo-nos a esse procedimento ambivalente, fazendo uso de metáforas como "fervor místico" e "arrefecimento". Com efeito, a variação da intensidade poética é um dos efeitos mais explícitos desse processo antitético. Essa oscilação entre os momentos intensos, cuja energia poética se volta para a tentativa de vivenciar poeticamente as Dores de Maria, e os momentos de distensão, representados pela imagem do arrefecimento, também é identificada por alguns estudiosos no estado melancólico. Segundo Susana K. Lages, "Nos estudos mais atuais de orientação psicanalítica, o termo melancolia (...) designa um estado psíquico, tendencialmente patológico, que tende a alterar momentos de profunda tristeza, em que há um enorme empobrecimento do ego (fase ou posição depressiva/ ou melancólica propriamente dita), com momentos de grande entusiasmo, nos quais o ego recompõe sua imagem, apresentando um excesso triunfalista de autoconfiança (fase ou posição maníaca). Essas fases tendem a se suceder no tempo, constituído a afecção geral da *melancolia* como ciclo que alterna estados psíquicos antitéticos" (Lages, 2002, p. 65).

sentido, as análises feitas no segundo capítulo buscaram demonstrar as semelhanças que aproximam o comportamento da voz poética no texto alphonsino do comportamento da voz poética no gênero musical. Noutro ponto importante do trecho citado, Ricieri destaca alguns possíveis pontos de contato dessa obra de Alphonsus de Guimaraens com algumas concepções poéticas extraídas da obra de Baudelaire. A nosso ver, o que aproxima *SDNS* da poética baudelairiana é a preocupação em dar voz a um intelecto poetizante, marcado pela superação do confessionalismo romântico e pela tentativa de sintetizar a condição do poetar na modernidade. Em *As flores do mal*, Baudelaire buscou representar as experiências mais marcantes do poeta moderno. "Com uma solidez metódica e tenaz mede em si mesmo todas as fases que surgem sob a coação da modernidade: a angústia, a impossibilidade de evasão, o ruir frente à idealidade ardentemente querida, mas que se recolhe ao vazio" (Friedrich, 1991, p. 38). Além da preocupação metapoética, que se evidencia na elaboração arquitetônica em *SDNS* e em *As flores do mal*, percebe-se, também, uma enorme afinidade filosófica entre os dois livros. Ambos se fundamentam na problemática simbolista do poeta/homem distanciado de Deus. Nos dois casos, o embate entre o desejo idealista e a queda se faz presente. Acreditamos que os seguintes comentários, feitos por Hugo Friedrich, sobre os seis grupos que compõem *As flores do mal*, podem nos ajudar a enxergar melhor as afinidades entre as duas obras:

> Após uma poesia introdutória antecipando o todo da obra, o primeiro grupo, "Spleen et ideal", oferece o contraste entre vôo e queda. O grupo seguinte, "Tableaux parisiens" mostra a tentativa de evasão no mundo externo de uma metrópole; o terceiro, "Le vin", a evasão tentada no paraíso da arte. Também esta não traz tranqüilidade. Daí resulta o abandono à fascinação do destrutivo: este é o conteúdo do quarto grupo, que leva o mesmo título de toda a obra (*Les fleurs du mal*). A dedução de tudo isto é a escarnecedora revolta contra Deus no quinto grupo "Révolte". Como última tentativa, resta encontrar a tranqüilidade na morte, no absolutamente desconhecido: assim termina a obra no sexto e último grupo, "La mort". Todavia, o plano arquitetônico manifesta-se também no âmbito

dos grupos isolados, como uma espécie de seqüência dialética das poesias. [...] Trata-se de uma tessitura ordenada, mas movimentada, cujas linhas alternam-se entre si, formando, na evolução total, uma parábola de cima para baixo. O fim é o ponto mais profundo e se chama "abismo", pois só no abismo ainda existe a esperança de ver o "novo". Que novo? A esperança do abismo não encontra palavras para expressá-lo. O fato de Baudelaire ter disposto *Les fleurs du mal* como construção arquitetônica, comprova a distância que o separa do Romantismo, cujos livros líricos são simples coleções e repetem, quanto ao aspecto formal, na arbitrariedade da disposição, a casualidade da inspiração. (Friedrich, 1991, p. 40)

Aproveitando a metáfora cunhada por Hugo Friedrich, também associaremos *SDNS* a uma parábola, cujo vértice, entretanto, coincide com os trechos mais místicos da obra, conforme tentamos demonstrar no capítulo anterior. O desenho do oratório poético de Alphonsus de Guimaraens, ainda que bem menos radical, aponta para a mesma experiência da qual parte o livro de Baudelaire: a tensão entre o anseio pelo ideal e o reconhecimento, na linguagem, de sua inatingibilidade.[7] Também a despersonalização, conceito chave da análise de Hugo Friedrich, é uma característica do *SDNS*, conforme já observaram alguns críticos.[8] Esse fato, associado à construção arquitetônica da obra, ajuda a distanciar Alphonsus de Guimaraens, ainda que pelo breve instante inicial de sua carreira poética, do Romantismo, cuja poesia se caracterizou, entre outras coisas, pela forte carga confessional que expressava.

A parábola que se extrai da arquitetura de *SDNS* é, como dissemos, bem menos radical do que aquela que se extrai da obra prima de Baudelaire. Em verdade, o ponto final da parábola alphonsina encontra-se na mesma latitude de seu ponto de partida. Após as investidas

---

7. Embora a parábola d'*As flores do mal* esteja "virada para baixo", fazendo com que a parte final da obra seja representada por um movimento de ascensão, ao contrário do que ocorre em *SDNS,* cujo movimento é de ascensão e queda.
8. Dentre eles, o já citado Tácito Pace. Não custa citar novamente as palavras do crítico sobre o *SDNS*: "A intencionalidade da escolha do tema, a arquitetura de sua estruturação, o lirismo litúrgico e a apoteose à Virgem Maria excluem qualquer devaneio relacionado com os problemas sentimentais do poeta e mesmo com seu comportamento emocional, derivado de seu noivado" (Pace, 1984, p. 97).

místicas, o poeta retorna ao seu estado inicial, caracterizado pela inatividade e pela permanência do desejo. Falta à experiência existencial de Alphonsus de Guimaraens, em cotejo com a de Baudelaire, o mergulho no abismo;[9] na verdade, falta-lhe a energia necessária a essa viagem. E é justamente esse conflito entre o desejo e a debilidade da energia que está na base da associação do seu oratório poético ao estado melancólico, conforme definido por Freud e por outros momentos da tradição, evocados a partir dos estudos de Giorgio Agamben.

Os poemas iniciais da "Sétima Dor" conciliam a dinamicidade da narrativa, que avança no episódio do sepultamento do Cristo, e o lirismo grave, que parece refrear o movimento épico. Os três primeiros sonetos se desenvolvem a partir do tema da solidão de Maria. Se a lamentação desses primeiros sonetos se dirige à Mãe de Jesus, personagem da narrativa evocada pela voz poética, o soneto IV, ao contrário, representa uma intervenção no fluxo narrativo a que, de certa forma, esses primeiros poemas estão ligados. Nele, o poeta emerge para suplicar pelo contato com a divindade, demarcando, como em toda a obra, a distância que o separa dela:

> Portas do Céu que dais para a outra vida
> Diante de mim, de par em par, abri-vos...
> E a oblação da minha Alma entristecida
> Chegue ao limiar dos tronos primitivos.
>
> Ermitão que procura a quieta ermida,
> Isolada dos mortos e dos vivos,
> Evoco a luz da terra prometida...
> Falazes sonhos meus contemplativos!
>
> Vagueando pela vastidão cerúlea,
> Minha Alma é como um hino que se expanda
> Em louvores de sempiterna dúlia...

---

9. Seus poemas satânicos demonstram, entretanto, que essa tendência foi desenvolvida em sua obra, embora com bem menos intensidade que na de Baudelaire. Acreditamos que, apesar de algumas experiências extremas, a poesia de Alphonsus de Guimaraens se caracteriza, principalmente, pela inatividade melancólica.

> Exaude, Virgem branca, intemerata,
> A fervorosa prece miseranda,
> – Rosário que entre os astros se desata...

(Guimaraens, 1997, p. 241)

A empreitada poética de *SDNS* termina com a constatação da impossibilidade de se vivenciar poeticamente as Dores de Maria. Resta ao poeta, entretanto, a possibilidade de, ao menos, *louvar* a Mãe de Cristo. Ainda em relação a esse quesito, o agente crítico do poeta se mostra implacável. Após um último suspiro, quando conclui sua prece poética suplicando pelos cuidados da santa (soneto VI), o poeta encerra seu oratório com uma reflexão metalinguística que aponta para o seu ideal poético: o simbolismo de Paul Verlaine:

> Doce Mãe de Jesus, se vos não pude
> Engrandecer por toda a eternidade,
> Se o meu estilo, à vezes, fraco e rude,
> Bem longe está da vossa ideal bondade:
>
> Se a minha musa edênica se ilude,
> Quando julga rezar com suavidade,
> Quando cheia de zelo e de virtude
> Vem falar-vos com tal saudade:
>
> Perdoai-me, vós que engrinaldais com flores
> Castas as liras, feitas para prece,
> De tantos macerados trovadores...
>
> Estes versos são como um lausperene:
> Mais fizera, Senhora, se eu pudesse
> Oficiar no Mosteiro de Verlaine.

(Guimaraens, 1997, p. 243)

Esse poema nos permite discutir uma última questão acerca do oratório poético de Alphonsus de Guimaraens: a concepção de prece que permeia a obra. Em verdade, podemos identificar duas noções de reza nos poemas de *SDNS*. Apesar de, ao longo deste trabalho, termos enfatizado a intenção mística do livro de Alphonsus, entendendo por misticismo aquela ânsia pela superação do abismo sujeito-objeto a que nos referimos no primeiro capítulo, é possível perceber uma outra dimensão religiosa desse oratório. Trata-se da busca pela mera louvação de Maria. A questão, pois, se distancia da busca pela dissolução do sujeito poético no canto das Dores e se aproxima da poesia encomiástica, aos moldes da poesia trovadoresca. Trata-se, aliás, do aspecto que tem sido preferencialmente discutido pelos críticos quando se trata de analisar o *SDNS*. No soneto VII da "Sétima Dor", transcrito anteriormente, o problema é abordado pelo poeta, que fala em "estilo fraco e rude", "Bem longe da ideal bondade" de Nossa Senhora. Todo o poema se desenvolve ao redor de uma problemática estilística. Ao final, num dos seus versos mais famosos, o poeta mineiro expressa seu ideal poético, ao afirmar: "Mais fizera, Senhora, se eu pudesse/Oficiar no Mosteiro de Verlaine". Achamos, entretanto, que este verso não pode ser tomado como um resumo da obra. O "Mosteiro de Verlaine" não é, ao contrário do que parece, a solução para o problema que perpassa todo o *SDNS*, simplesmente porque esse problema não se reduz a uma questão de estilo. É interessante observar que, apesar da presença literal de Verlaine na obra, é com as experiências poéticas de Baudelaire e mesmo de Mallarmé que o sujeito poético desse oratório, cuja complexa arquitetura sugere uma preocupação que ultrapassa a questão estilística, parece dialogar em sua ânsia fracassada pela transcendência. Ainda que a preocupação com o estilo esteja presente na obra, que, afinal de contas, busca, também, louvar a figura de Maria, é impossível negligenciar nela a presença de um procedimento bem mais agudo. Sua complexa arquitetura, que buscamos elucidar a partir da associação com a forma do oratório, aliada à tensão poética que marca muitos poemas, nos leva a afirmar que, em *SDNS*, Alphonsus de Guimaraens concebe um projeto poético que vai muito além do limites do culto mariano. A insistência na questão do estilo, no último soneto da obra, ressalta, a nosso ver, o caráter melancólico de toda a obra, pois constitui mais um tema metalinguístico capaz de reafirmar a cisão entre o poeta e o Mistério das Dores, noutro momento de autodepreciação. Por fim, a moldura desse oratório se fecha com a "Epífona", numa oração que confirma o distanciamento do poeta em relação a Nossa Senhora:

Epífona

Nossa-Senhora, quando os meus olhos
Semicerrados, já na agonia,
Não mais louvarem os vossos olhos...
    Valei-me, Virgem Maria.

Por entre escolhos, por entre sirtes,
    Consolai os meus olhos tristes.

Nossa-Senhora, quando os meus braços
Não mais se erguerem, já na agonia,
Oh! dai-me o auxílio dos vossos braços...
    Velai-me, Virgem Maria.

Por entre escolhos, por entre sirtes,
    Auxiliai os meus braços tristes.

Nossa-Senhora, quando os meus lábios
Não mais falarem, já na agonia,
Desça o consolo dos vossos lábios...
    Valei-me, Virgem Maria.

Por entre escolhos, por entre sirtes,
    Consolai os meus lábios tristes.

Nossa-Senhora, quando os meus passos
Se transviarem, já na agonia,
Vinde guiar-me com os vossos passos...
    Valei-me, Virgem Maria.

Por entre escolhos, por entre sirtes,
    Sede guia aos meus passos tristes.

(Guimaraens, 1997, p. 244)

    Nesse poema suplicante, a melancolia, expressa na ambivalência do desejo e da inatingibilidade do objeto, que aparece como uma sombra em toda a obra, mostra-se triunfante. Nessa súplica, o poeta parece adiar para o momento da morte o seu encontro com Maria. Na vida, resta ao poeta homenagear a Virgem, o que é muito pouco, se comparado aos momentos de fervor místico com os quais nos deparamos nos capítulos anteriores. É na morte, entretanto, que o encontro tão desejado promete se realizar. Por fim, tudo aponta para uma visão bastante pessimista da existência, quando o corpo, verdadeiro cárcere, constitui o abismo que se interpõe no caminho da alma rumo ao infinito.

CONSIDERAÇÕES FINAIS

Esta obra partiu do reconhecimento de alguns elementos que permitem a aproximação de *Setenário das Dores de Nossa Senhora*, de Alphonsus de Guimaraens, com o gênero musical do oratório. Estruturada em sete capítulos, contendo, cada um, sete sonetos, e tendo como moldura duas composições, uma de abertura, outra de encerramento, essa obra foi pensada pela Crítica como um conjunto de poemas confessionais que evidenciam uma característica tradicionalmente atribuída à poesia de Alphonsus de Guimaraens: a presença da devoção mariana. Sem descartar essa leitura, propusemo-nos a identificar, na complexa arquitetura da obra, outras explicações que não apenas a de cunho biográfico.

Iniciamos com uma breve revisão da fortuna crítica do poeta, o que nos permitiu reconhecer, nos mais diversos estudos, diferenças e afinidades em relação à nossa perspectiva. No que diz respeito ao problema da religiosidade na obra de Alphonsus de Guimaraens, a grande maioria dos críticos optou por uma interpretação de cunho biográfico. De fato, os elementos que envolvem a vida do poeta, marcada pela tragédia familiar e pelo isolamento nas cidades centenárias e católicas de Minas Gerais, encontram-se, em alguma medida, refletidos em sua obra poética. A nosso ver, a morte da noiva Constança e o contato vivo com a religiosidade que se respirava em Minas naquele tempo são chaves de leitura possíveis para se entender muitos aspectos da obra poética do "solitário de Mariana". Nosso trabalho, portanto, não partiu de uma crítica à perspectiva biográfica em si mesma. O ponto do qual partiu foi a constatação do caráter quase monocromático da fortuna crítica do poeta mineiro. Embora acreditemos na viabilidade de uma crítica biográfica, parece-nos que a complexidade da poesia de

Alphonsus de Guimaraens é negligenciada quando iluminada pelo viés único desse tipo de leitura. Evidentemente, não somos os primeiros a reconhecer essa deficiência na fortuna crítica do poeta, conforme tentamos mostrar na breve revisão que empreendemos no primeiro capítulo. As pesquisas sobre Alphonsus de Guimaraens têm trilhado, nos últimos anos, outros caminhos de leitura, contribuindo para o aprofundamento da compreensão de sua obra.

Nossa pesquisa mobilizou uma gama restrita de textos sobre o poeta, se comparado, por exemplo, à dissertação de mestrado de Francine Fernandes Weiss Ricieri, dedicada ao estudo da bibliografia do poeta mineiro. Registre-se, aliás, a importância do trabalho dessa pesquisadora, que contribuiu para o alargamento da fortuna crítica alphonsina e foi justamente quem identificou aquelas falhas anteriormente referidas. De qualquer modo, procuramos dialogar com diversos textos. Merecem destaque, nesse momento, os trabalhos de Henriqueta Lisboa, que, a despeito do viés biográfico, continua sendo uma referência quando se trata de Alphonsus de Guimaraens. Também merecem destaque as contribuições de Tácito Pace, embora se trate de um autor pouco conhecido. Nossa leitura de *Setenário das Dores de Nossa Senhora* encontrou respaldo e fundamentação, também, na excelente tese de doutorado de Francine Fernandes Weiss Ricieri. De certa forma, tentamos desenvolver algumas questões levantadas por ela ou inspiradas em sua pesquisa. Sua intuição de que a obra "abriga (...) uma intelecção do poético que remete diretamente a concepções que começam a ser concretizadas em obras poéticas como a de Charles Baudelaire e escritores afins" (Ricieri, 2001, p. 36) é uma dessas questões que se associam diretamente à nossa pesquisa. Outra importante contribuição dessa tese é a aplicação da noção de poesia-resistência, de Alfredo Bosi, à interpretação da obra de Alphonsus de Guimaraens. Partindo daí, Ricieri evidencia uma das principais características do poeta mineiro, que é, também, elemento da maior importância em nossa reflexão. Segundo a pesquisadora:

> Em Alphonsus de Guimaraens, a resistência, no sentido que Bosi atribui ao termo, teria seu momento em um espaço apertado. Seus versos parecem erguer-se em um território impreciso entre a tentativa (fadada

ao fracasso) de recuperação de uma vivência mística não cindida e a confissão de uma fissura agônica. (Ricieri, 2001, p. 40)[10]

Nossa análise de *Setenário das Dores de Nossa Senhora* buscou evidenciar justamente esse "espaço apertado" no qual se realiza a poesia de Alphonsus de Guimaraens. Nesse sentido, propusemos, ao longo do trabalho, uma leitura metapoética da obra. Para tanto, antes, foi necessário retornar a duas questões essenciais à sua compreensão, a saber: a questão de sua complexidade arquitetônica e a questão do misticismo, tão presente nos poemas que a compõem.

A maneira como se encontram dispostos na obra os cinquenta e um poemas foi analisada, aqui, como um elemento significativo. Antes deste trabalho, alguns críticos já haviam observado que a constituição formal é um dos elementos que mais se destacam em *Setenário das Dores de Nossa Senhora*. Henriqueta Lisboa já havia associado essa obra de Alphonsus a um "livro de horas" (Lisboa, 1945, p. 40), mas sem desenvolver suficientemente a analogia. Como dissemos, nos trechos iniciais deste trabalho, apesar da constatação de que a arquitetura do *Setenário* é um elemento da maior relevância para os estudos críticos sobre a obra, não houve, até onde conhecemos da fortuna crítica do poeta mineiro, quem se detivesse nessa questão a ponto de extrair dela uma interpretação para a obra. Nosso livro pretendeu inserir-se, de alguma forma, nessa lacuna.

A análise da estrutura da obra, pensada em dois níveis, no plano da organização dos poemas ao longo dos capítulos e no plano do comportamento da voz poética no interior dos textos, exigiu-nos o emprego de uma imagem que fosse capaz de explicitar nosso objeto de estudo em sua complexidade. A presença de dois poemas emoldurando a narrativa das Dores de Nossa Senhora, e a ocorrência sistemática de poemas e trechos líricos, nos quais o sujeito poético aparece com sua individualidade demarcada em relação aos personagens bíblicos, no

---

10. Optamos por citar novamente o trecho de Ricieri, que já havia sido transcrito no primeiro capítulo, uma vez que ele contribui efetivamente para a compreensão de um dos principais tópicos desta conclusão.

decorrer da narrativa, lembraram-nos um dos gêneros mais tradicionais da liturgia e da música cristãs: o oratório.

As pesquisas então empreendidas sobre o gênero oratório levaram-nos a consolidar a analogia com a arquitetura do *Setenário das Dores de Nossa Senhora*. Também o oratório se configura a partir da convergência de trechos narrativos, líricos e dramáticos. Também o oratório se estrutura em torno da dialética instituída pela retomada da narrativa bíblica e pelos comentários da voz poética. Também o oratório conta com duas composições nos papéis de prelúdio e poslúdio. Nossa intenção, contudo, não foi estabelecer uma rígida comparação entre as duas formas, aos moldes de um estudo intersemiótico. Para nosso estudo, o oratório funcionou mais como uma metáfora crítica, a partir da qual se desenvolveu uma interpretação de caráter mais geral acerca do *Setenário das Dores de Nossa Senhora*.

Ainda no terreno da análise, anotamos a presença de, ao menos, uma composição de cunho metalinguístico em cada um dos sete capítulos do *Setenário*. Já no poema introdutório, o poeta reflete sobre sua incapacidade de chorar as Dores de Maria, num tópico que viria a se repetir sistematicamente ao longo de todos os capítulos. Esses momentos metalinguísticos, embora ausentes no gênero musical, aparecem em *Setenário das Dores de Nossa Senhora* como uma das marcas de separação entre a voz poética e a matéria narrada, e, por isso, podem ser associados, formalmente, ao gênero lírico e, por analogia, às árias do oratório. Já os trechos de maior fidelidade à história bíblica associam-se, por seu caráter marcadamente narrativo, segundo nossa leitura, aos recitativos, também presentes no oratório. Essa associação, entretanto, não negligencia, evidentemente, a presença de lirismo nos trechos narrativos da obra. Apesar de estarem ligados à narrativa bíblica, os trechos narrativos apresentam todo o fervor poético do eu lírico, que busca, dessa forma, vivenciar poeticamente o mistério das Dores de Maria. Aliás, é o que ocorre também nos oratórios, uma vez que o papel da música é, justamente, o de potencializar a expressividade dos trechos bíblicos. Por isso, não se pode falar em impessoalidade narrativa, nem no oratório, nem no *Setenário*. Para esta obra, o gênero lírico se associa à demarcação de fronteira entre sujeito e objeto, tendendo para um isolamento do primeiro, que, então, sobressai absolutamente. Já o gênero narrativo se associa ao isolamento do objeto e ao apagamento, até onde isso é possível, das marcas de subjetividade.

O problema dos trechos narrativos de *Setenário das Dores de Nossa Senhora* e dos recitativos do oratório musical extrapola os limites das categorias abstratas antes referidas. A nosso ver, ocorre, nos dois casos, uma acurada mistura de lirismo e narratividade. Trata-se de um momento em que a voz narrativa se contamina com a subjetividade do eu lírico, havendo uma perfeita fusão entre elas. Ao contrário dos trechos associados ao gênero lírico, puro e simples, os trechos recitativos apresentam uma perfeita fusão entre sujeito e objeto. Se podemos identificar marcas de lirismo nesses trechos narrativos, não podemos, por outro lado, reconhecer os limites entre o eu e o objeto, entre o poeta e as Dores de Nossa Senhora. Nesse sentido, a sutil diferenciação entre os termos "lírico" e "lirismo", sugerida em nossa reflexão, explica-se por sua funcionalidade crítica.

A presença do lirismo nos trechos narrativos do *Setenário das Dores de Nossa Senhora* nos permitiu identificar na obra uma forte carga de misticismo. Para ser mais exato, encontramos na obra uma forte carga de tensão mística, que consiste mais no embate entre o sujeito e os limites da subjetividade do que propriamente na realização plena da dissolução mítica.

Misticismo é uma palavra bastante recorrente na fortuna crítica de Alphonsus de Guimaraens. É possível que todos os analistas da obra do poeta mineiro tenham tocado na questão de sua religiosidade mística. Ocorre, entretanto, conforme buscamos demonstrar no primeiro capítulo, que a palavra raramente foi empregada com rigor conceitual. Diante disso, bem como da necessidade de compreender o fenômeno religioso em *Setenário das Dores de Nossa Senhora*, fez-se necessário empreender uma breve discussão teórica acerca da experiência mística.

Mais que o mero emprego de um "idioma litúrgico" (Muricy, 1987, p. 448), mais que a presença de referências religiosas nos poemas, o misticismo em *Setenário das Dores de Nossa Senhora* se configura como uma *experiência* poético-religiosa capaz de afetar substancialmente a constituição da linguagem. Partindo das reflexões de William James acerca da experiência religiosa, definimos o estado místico como um estado de integração entre sujeito e objeto, no qual toda referência se torna impossível, uma vez que não é possível falar em representação. O estado místico é um estado de vivência do Mistério, caracterizado, entre outras coisas, pela diluição dos limites da individualidade. Conforme buscamos demonstrar também no primeiro capítulo, o anseio pela vivência mística das Dores de Nossa Senhora é diversas vezes manifestado no *Setenário*. Já no prelúdio de seu oratório, Alphonsus de Guimaraens afirma sua intenção mística:

> Volvo o peito para as tuas Dores
> E o coração para as Sete Espadas...

(Guimaraens, 1997, p. 215)

A fim de discutir as relações entre misticismo e linguagem, evocamos a diferenciação entre *experiência simbólica* e *símbolo experiência*, com a qual trabalha Roger Bastide, num de seus estudos sobre a poesia de Cruz e Sousa. Para Bastide (1979, p. 175), há *experiência simbólica* quando "o símbolo não é uma imagem tomada voluntariamente pelo escritor para descrever sua própria experiência, mas é um criação estética que é experiência ao mesmo tempo que explicação dessa experiência".[11] Nesse sentido, mais que representação, a linguagem se configura como uma espécie de vivência do Mistério.

Essa prática poética, conforme afirmamos no primeiro capítulo, é bem mais frequente na obra de Cruz e Sousa, porém, a noção de poesia mística, quando tomada como ideal poético, também é bastante funcional para se pensar a obra de Alphonsus de Guimaraens. Com efeito, segundo nossa leitura, a obra do poeta mineiro se caracteriza pela tendência mística, no sentido em que expressa e, em alguns momentos, experimenta uma espécie de impulso rumo à transcendência da individualidade. Nesse sentido, o conceito de misticismo construído, principalmente, a partir das obras do filósofo William James, do crítico

---

11. Mais uma vez, optamos por transcrever, novamente, uma citação que já havia aparecido em outro momento desta obra. Acreditamos que, dessa forma, contribuímos para que se explicite melhor a articulação entre os conceitos e as interpretações propostos neste trabalho.

Roger Bastide e do poeta Cruz e Sousa foi tomado como modelo e cotejado com o que ocorre em *Setenário das Dores de Nossa Senhora*. Em seu oratório poético, conforme tentamos demonstrar, Alphonsus de Guimaraens jamais alcança o estado de plena dissolução mística. Isso porque sua ascensão rumo à transcendência enfrenta a inexorável sombra dos limites da condição humana e da linguagem.

Setenário das Dores de Nossa Senhora caracteriza-se, também, por uma intensa reflexão acerca dos limites do homem e da linguagem. Associada à questão do impulso místico, essa característica empresta à obra um caráter dual e extremamente tenso. Em seus versos, ocorre o embate entre o desejo místico de se vivenciar poeticamente as Dores de Maria e a consciência dos limites da linguagem, que aparece sempre como um canal insuficiente de ligação entre o sujeito poético e o Mistério. A tensão entre essas duas experiências está presente no poema introdutório da obra. Após afirmar suas intenções místicas, conforme vimos anteriormente, o poeta lamenta a enorme distância que o separa da Mãe de Jesus, dando voz à consciência de que sua empreitada poética é, de todo, impossível:

> Mas eu, a poeira que o vento espalha,
> O homem de carne vil, cheio de assombros,
> O esqueleto que busca uma mortalha,
> Pedir o manto que te envolve os ombros!

(Guimaraens, 1997, p. 215)

Nossa leitura buscou demonstrar que essa tensão entre o desejo místico e a autoconsciência do poeta, que se reconhece limitado e distante do Mistério, funciona como centro irradiador de *Setenário das Dores de Nossa Senhora*. Trata-se de uma chave de leitura para a compreensão do oratório poético de Alphonsus de Guimaraens, que caracteriza-se pelo equilíbrio tenso entre essas duas experiências.

A manutenção do desejo místico, mesmo diante da consciência da impossibilidade de realizá-lo, levou-nos a identificar na obra um caráter melancólico. Conforme fizemos com os conceitos de misticismo e de oratório, buscamos identificar, em estudos de pensadores diversos, algumas características gerais do estado melancólico. Sem querer discutir o conceito de melancolia em si, nem contrastar as diversas teorias que se desenvolveram em torno dessa experiência psíquica, encontramos, principalmente em Giorgio Agamben e Sigmund Freud, as referências de que precisávamos. Em sua obra *Estâncias: a palavra e o fantasma na cultura ocidental*, o filósofo italiano, para desenvolver sua reflexão sobre o assunto, retoma diversas teorias produzidas sobre a melancolia ao longo da história, inclusive a de Freud, publicada, especialmente, no ensaio *Luto e melancolia*, de 1917. A partir desses textos, encontramos diversas analogias entre o comportamento da voz poética no oratório de Alphonsus de Guimaraens e o estado melancólico. Por exemplo, as três pré-condições da melancolia, apontadas por Freud, podem ser associadas à tensão experimentada pelo sujeito poético em *Setenário das Dores de Nossa Senhora*. Segundo o autor de *Luto e melancolia*, o estado melancólico se caracteriza 1) pela perda do objeto, 2) pela ambivalência e 3) pela regressão da libido ao ego. Este último ponto explica, no desenvolvimento da analogia proposta, umas das práticas mais frequentes na obra: o autoenvilecimento do poeta, que está diretamente associado aos momentos metalinguísticos do nosso oratório. Tentamos identificar outras possíveis analogias entre o *Setenário* e o estado melancólico. À guisa de outro exemplo, buscamos a associação entre a tensão poética presente na obra e a ideia de Giorgio Agamben (2001, p. 42) segundo a qual encontra-se, na raiz do temperamento melancólico, a "íntima contradição de um gesto que pretende abraçar o inapreensível".

Identificadas as faces complementares do oratório poético de Alphonsus de Guimaraens – o impulso místico e a recessão melancólica –, podemos propor uma interpretação geral para a obra. A arquitetura poética de *Setenário das Dores de Nossa Senhora*, caracterizada pelo duplo movimento de ascensão e arrefecimento místicos, pode ser tomada como uma imagem da condição da voz poética alphonsina, em particular, e do poeta simbolista, em geral. Essa ideia nos permite enxergar nessa obra de Alphonsus de Guimaraens, em conformidade com a visão de Francine Weiss Ricieri (2001, p. 36), uma preocupação metapoética de caráter moderno. Em outras palavras, permite-nos identificar nela a presença de um cogito poético, superando a tradicional leitura biografista, que entendeu *Setenário das Dores de Nossa Senhora* unicamente como uma manifestação do culto do poeta à figura de Nossa Senhora. É nesse sentido que empregamos o conceito de "despersonalização", cunhado por Hugo Friedrich, em nossa interpretação. Esse conceito permite-nos aproximar Alphonsus de Baudelaire, um dos fundadores da poética simbolista, pois, conforme afirma Friedrich: "*Les fleurs du mal* (1957) não são uma lírica de confissão, um diário de situações particulares, por mais que haja penetrado nelas o sofrimento de um homem solitário, infeliz e doente" (Friedrich, 1991, p. 36). Acreditamos que essa afirmação pode ser aplicada, também, ao *Setenário das Dores de Nossa Senhora*. E não estamos sozinhos. Em 1970, Tácito Pace (1984, p. 97), em seu livro *O simbolismo em Alphonsus de Guimaraens*, já havia observado que essa obra não pode ser explicada por fatos da vida do poeta.

Uma pesquisa posterior poderá demonstrar o que foi apenas sugerido neste trabalho, isto é, que toda a obra de Alphonsus de Guimaraens realiza, de alguma maneira, o movimento poético dramatizado em *Setenário das Dores de Nossa Senhora*. Ora cáusticos e fervorosos, ora melancólicos e voltados para si mesmos, seus poemas posteriores, se pensados em conjunto, parecem reproduzir aquele duplo movimento de ascensão e queda, de fervor e arrefecimento, de aproximação e distanciamento em relação ao Mistério.

O "oratório poético" de Alphonsus de Guimaraens pode ser lido, também, como uma espécie de imagem da condição do poeta simbolista. Como se sabe, para os simbolistas, o homem, encarcerado nos limites do corpo, está impedido de acessar a verdade das Formas e, por isso, vivencia a agonia de vislumbrar uma realidade tragicamente inacessível. Essa visão, de cunho platônico, está perfeitamente traduzida no famoso soneto "Cárcere das almas", de Cruz e Sousa, conforme tentamos demonstrar no terceiro capítulo. Diante desse abismo, que se abre entre o homem e o absoluto, a poesia, pensada conforme o preceito simbolista de associação com a música, aparece como uma forma de contato, como uma espécie de canal capaz de unir, ainda que precariamente, esses dois mundos. É por isso que a poesia simbolista caracteriza-se pela tensão insolúvel entre a esperança de alcançar o universo das Formas e a consciência, de todo moderna, da insuficiência da linguagem. Desenvolvendo e, de certa forma, ultrapassando essa tensão, boa parte da poesia moderna aceitará a história como única realidade ou emergirá, ela própria, como um universo autocentrado e absoluto, já nos primeiros anos do século XX.

Na fronteira dessa transformação que marca a história da poesia moderna, encontra-se o Simbolismo, cujo caráter tensional foi herdado por poetas, não só da França, mas de diversas partes do mundo. Assim como Baudelaire, Mallarmé, George e Cruz e Sousa, Alphonsus de Guimaraens não esteve alheio a toda essa problemática que envolve os poetas do *fin du siècle*. Sua obra, bem mais que a mera reprodução de traços estilísticos da escola francesa, é a vivência particular e incomparável da agonia que caracteriza a poesia de seu tempo, conforme tentamos demonstrar nesta leitura do *Setenário das Dores de Nossa Senhora*.

REFERÊNCIAS BIBLIOGRÁFICAS

AGAMBEN, Giorgio. *Estâncias*: a palavra e o fantasma na cultura ocidental. Belo Horizonte: Editora UFMG, 2007.
AGOSTINHO, Santo. *Confissões*. São Paulo: Paulus, 1984.
ALONSO, Damaso. *Poesía española*: ensayo de métodos y limites estilísticos. Madrid: Gredos, 1950.
ANGLADE-AURAND, Arline. *Les influences françaises sur Alphonsus de Guimaraens*. Toulouse, 1970. Thèse présentée devant l'université de Toulouse pour le Doctorat de 3e. cycle 2v.
BACH, Johann Sebastian. *Johannes-Passion*. Freiburg: Deutsche Harmonia Mundi, 1990. 2 CDs. BWV 245. Acompanha *libretto*.
BALAKIAN, Anna. *O simbolismo*. São Paulo: Perspectiva, 1985.
BANDEIRA, Manuel. *Apresentação da poesia brasileira – seguida de uma antologia de versos*. Rio de Janeiro: Livraria – Editora da Casa do Estudante do Brasil, s/d.
BASTIDE, Roger. Quatro estudos sobre Cruz e Sousa. In: COUTINHO, Afrânio (org.). *Cruz e Sousa*. Rio de Janeiro: Civilização Brasileira, 1979. (Coleção Fortuna crítica).
BAUDELAIRE, Charles. *Poesia e prosa*. Rio de Janeiro: Nova Aguilar, 1995.
_____. *As flores do mal*. Rio de Janeiro: Nova Fronteira, 1985.
BENJAMIN, Walter. *Charles Baudelaire*: um lírico no auge do capitalismo. São Paulo: Brasiliense, 1989. (Obras Escolhidas, Volume III).
_____. *Passagens*. Belo Horizonte: Editora UFMG; São Paulo: Imprensa Oficial do Estado de São Paulo, 2006.
BÍBLIA: *mensagem de Deus*. São Paulo: Edições Loyola, 1989.

BORNHEIM, Gerd. Filosofia do Romantismo. In: GUINSBURG, J. (org.). *O Romantismo*. São Paulo: Perspectiva, 1978.

BOSI, Alfredo. *História concisa da literatura brasileira*. São Paulo: Cultrix, 1994.

_____. Poesia-resistência. In: *O ser e o tempo da poesia*. São Paulo: Companhia das Letras, 2000.

BREMOND, Henri. La poésie pure. In: *La poésie pure*. Avec un debat sur la poésie par Robert de Souza. Paris: Bernard Grasset, 1926.

CANDÉ, Roland de. *História universal da música*. São Paulo: Martins Fontes, 2001. 2v.

CAZELLES, H. *et alii*. *Dicionário mariano*. Aparecida: Editora Santuário, s/d.

CHARAUDEAU, Patrick. *Langage et Discours*: éléments de sémiolinguistique (théorie et pratique). Paris: Classiques Hachette, 1983.

CHARAUDEAU, Patrick; MAINGUENEAU, Dominique. *Dicionário de análise do discurso*. São Paulo: Contexto, 2004.

CHOCIAY, Rogério. *Teoria do verso*. São Paulo: McGraw-Hill do Brasil, 1974.

COOPER, D. E. *As filosofias do mundo*. São Paulo: Loyola, 2002.

CRUZ e SOUSA, João da. *Obra completa*. Rio de Janeiro: Nova Aguilar, 1995.

_____. *Missal e Broquéis*. São Paulo: Martins Fontes, 2001. (Coleção poetas do Brasil).

ECO, Umberto. Sobre o símbolo. In: *Sobre a Literatura*. São Paulo: Record, 2003.

FRIEDRICH, Hugo. *Estrutura da lírica moderna*: da metade do século XIX a meados do século XX. São Paulo: Duas Cidades, 1978.

FREUD, Sigmund. *Luto e melancolia*. Rio de Janeiro: Imago, 1974. (Edição *Standard* Brasileira das obras completas de Sigmund Freud. Volume XIV).

FRYE, Northrop. *O código dos códigos*: a Bíblia e a Literatura. São Paulo: Boitempo, 2004.

GOMES, Álvaro Cardoso. *A estética simbolista*: textos doutrinários comentados. São Paulo: Atlas, 1994.

GROVE Dictionary of Music. Oxford: Oxford University Press, 2003. 1 CD-ROM.

GUIMARAENS, Alphonsus de. *Poesia completa*. Rio de Janeiro: Nova Aguilar, 1997.

_____. *Poesia*. Rio de Janeiro: Agir, 1976.

_____. *Obra Completa*. Rio de Janeiro. José Aguilar, 1960.

GUIMARAENS FILHO, Alphonsus de. *Alphonsus de Guimaraens no seu ambiente*. Rio de Janeiro: Fundação Biblioteca Nacional, 1995.

GUINSBURG, J. (org.). *O Romantismo*. São Paulo: Perspectiva, 1978.

HADDAD, Jamil Almansur. Essência e forma do simbolismo. *Revista do arquivo municipal*, São Paulo, ano XII, vol. 104, p. 7-28, ago.-set., 1945.

HEGEL, Georg Wilhelm Friedrich. *Cursos de estética*. São Paulo: EDUSP, 2004. Volume IV.

JAMES, William. *As variedades da experiência religiosa*: um estudo sobre a Natureza Humana. São Paulo: Cultrix, 1991.

LAGES, Susana Kempff. *Walter Benjamin*: tradução e melancolia. São Paulo: Editora da Universidade de São Paulo, 2002.

LISBOA, Henriqueta. *Alphonsus de Guimaraens*. Rio de Janeiro: Agir, 1945.

_____. Alphonsus e Severiano. *Colóquio Letras*. Lisboa: n. 6, p. 27-34, mar. 1972.

_____. A poesia de Alphonsus de Guimaraens. *Minas Gerais*, Belo Horizonte, 2 jan. 1971. Suplemento Literário. p. 10-11.

MARQUES, Ângela Maria Salgueiro. *O sublime na poesia de Alphonsus de Guimaraens*: presença da morte. Dissertação (Mestrado em Letras) - Faculdade de Letras da Universidade Federal de Minas Gerais, Belo Horizonte, 1998.

MARTIMORT, A. G. *A Igreja em oração*: introdução à liturgia. Barcelos: Ora & labora, 1965.

MASSIN, Jean et Brigitte. *História da música ocidental*. Rio de Janeiro: Nova Fronteira, 1997.

MENDES, Murilo. Alphonsus de Guimaraens. *Folha de Minas*, Belo Horizonte, 3 jul. 1937.

MEGALE, Nilza Botelho. *Cento e sete invocações da Virgem Maria no Brasil*: história, folclore e iconografia. Petrópolis: Vozes, 1980.

MOISÉS, Massaud. *História da literatura brasileira*. São Paulo: Cultrix, 2001. Volume II.

MOISÉS, Massaud. *O simbolismo*. São Paulo: Cultrix, 1966.

MORESCHINI, Cláudio & NORELLI, Enrico. *História da literatura cristã antiga grega e latina*. São Paulo: Edições Loyola, 2000.

MORETTO, Fulvia, M. L. (org.). *Caminhos do Decadentismo francês*. São Paulo: Perspectiva, 1989.

MURICY, Andrade. *Panorama do movimento simbolista brasileiro*. São Paulo: Perspectiva, 1987. 2v.

NUNES, Benedito. A visão romântica. In: GUINSBURG, J. (org.) *O Romantismo*. São Paulo: Perspectiva, 1978.

OLIVEIRA, Bernardo Barros Coelho de. Baudelaire, Benjamin e a arquitetura das Flores do Mal. In: *Alea*: Estudos Neolatinos, vol. 9, n. 2. Rio de Janeiro, jul./dez. 2007.

PAIS, Waldemar Tavares. *Nossa Senhora nas lendas e na poesia*. Belo Horizonte: Promoção da família, 1972.

PACE, Tácito. *O simbolismo na poesia de Alphonsus de Guimaraens*. Belo Horizonte: Comunicação, 1984.

PAZ, Octavio. *Signos em rotação*. São Paulo: Perspectiva, 2003.

_____. *Os filhos do barro*. Rio de Janeiro: Nova Fronteira, 1984.

_____. Contar e cantar. In: *A outra voz*. São Paulo: Siciliano, 1993.

PEIXOTO, Sérgio Alves. A poética simbolista. In: *A consciência criadora na poesia brasileira*. São Paulo: Annablume, 1999.

PEREIRA, *Decadentismo e simbolismo na poesia portuguesa*. Coimbra: Centro de Estudos Românticos, 1975.

QUEIROZ, Maria José de. Verlaine e Alphonsus no mosteiro simbolista. *Kriterion*, Belo Horizonte, n. 71, p. 165-200, 1978.

RAMOS, Maria Luiza. *Fenomenologia da obra literária*. São Paulo: Forense, 1969.

RICIERI, Francine Fernandes Weiss. *Alphonsus de Guimaraens (1870-1921) – Bibliografia comentada*. 2v., 453p. Dissertação (Mestrado em Letras) - Assis: Faculdade de Ciências e Letras, Universidade Estadual Paulista, 1996.

_____. *A imagem poética em Alphonsus de Guimaraens*: espelhamentos e tensões. 247p. Tese (Doutorado em Letras) - Instituto de Estudos da Linguagem, Universidade Estadual de Campinas, Campinas, 2001.

SALTARELLI, Thiago César Viana Lopes. A Paixão Segundo São João: uma retórica intermidiática. *ALETRIA*: revista de estudos da literatura, v. 14, 2006 – Belo Horizonte: POSLIT, Faculdade de Letras da UFMG.

SILVA, Vítor Manuel de Aguiar e. *Teoria da literatura*. São Paulo: Martins Fontes, 1976.

SILVA, Wilson Melo da. *O simbolismo e Alphonsus de Guimaraens*. Belo Horizonte: Imprensa Oficial, 1971.

STEPHAN, Rudolf. In: *Enciclopédia Meridiano Fischer*. Lisboa: Ed. Meridiano, 1968. v. 7 (Música). p. 31-35, p. 105-121, p. 371-378, p. 384-389.

TEIXEIRA, Ivan. Cem anos de Simbolismo: Broquéis e alguns fatores de sua modernidade. In: CRUZ e SOUSA, João da. *Missal e Broquéis*. São Paulo: Martins Fontes, 2001.

TELES, Gilberto Mendonça. *Vanguarda Européia e Modernismo Brasileiro*. Petrópolis: Vozes, 1976.

VERAS, E. H. N. A Escrita Automática em Água Viva, de Clarice Lispector. *Revista eletrônica INTERDISCIPLINAR*, v. 5, p. 181-187, 2008. Disponível em: <http://www.posgrap.ufs.br/periodicos/interdisciplinar>.

WILSON, Edmund. *O Castelo de Axel*. São Paulo: Companhia das Letras, 2004.

SOBRE O AUTOR

Doutor em Literatura Comparada e mestre em Literatura Brasileira pela Universidade Federal de Minas Gerais (UFMG), atualmente desenvolve pesquisa de pós-doutorado junto à Universidade Estadual de Campinas (UNICAMP) sobre as relações entre a obra de Baudelaire e a Teologia. Estudioso das poesias francesa e brasileira da segunda metade do século XIX, cursou estágios de doutorado e pós-doutorado no Centre de Recherche sur la Littérature Française du XIXe siècle da Université Paris-Sorbonne sob a supervisão de André Guyaux. Organizou, em parceria com Gustavo Ribeiro, a coletânea de ensaios *Por uma literatura pensante* (Fino Traço, 2012) e tem publicado diversos artigos sobre poesia em periódicos especializados.

1ª EDIÇÃO [2016]

Esta obra foi composta em Minion Pro e Din sobre papel Pólen bold 90 g/m² para a Relicário Edições.